思想觀念的帶動者

文化現象的觀察者

本土經驗的整理者

生命故事的關懷者

Caring

生命長河，如夢如風
猶如一段逆向的歷程
一個掙扎的故事，
一種反差的存在留下探索的紀錄與軌跡

我，在世界的身體之中

In the Body of the World

作者—伊芙．恩斯勒（Eve Ensler）
譯者—丁凡

獻給吐司、璐和剛果的女人們

如果你和你的身體分離，便是與世界的身體分離，世界將看似與你無關或與你隔離，而不是你的歸屬，不是你生活的延續。

——《新的自我，新的世界》（*New Self, New World*）作者

菲利普・薛佛（Philip Shepherd）

目錄

各界佳評

伊芙·恩斯勒，一位撼動全球的女人。讀這本書，讀她對自己與對世界各地受暴女人身體的書寫，才知她的力量從何而來。勵馨反暴力二十五年，有幸與她相遇，連續演出《陰道獨白》十年，響應V-Day、十億人站出來（one billion rising）等她發起的全球行動，深深被她感動。女人的身體因為她，有了連結、有了力量。女人，在世界的身體之中，改變世界。

——勵馨基金會執行長　紀惠容

我跟作者成長在同一個時代，但在完全不同的環境。我們的生活與工作幾乎沒有交集，甚至是兩個極端：她非常叛逆，而我絕對是個乖乖牌。

但不論是因為什麼理由，我們都極力的奮鬥著，在自己工作的領域中企圖證明自己，卻都在後來得到了癌症。努力掙扎的過程不同，病情也不一樣；不過因為生病而引發的許多思維過程卻很類似。

生病成為重要的轉捩點，她的許多吶喊與憤怒，自己的生命與世界各地受苦女性的深刻連結，在在引發我深沉的感動與共鳴：最終在身邊親友與工作夥伴身上見證到最平凡卻最真摯的愛；對她終身追求的理想，即使在最痛苦的療程中都不曾放棄，仍然用心繼續去完成。

這書激勵了我，不論是不是生病，都要好好的做自己愛做的事！

——資深廣播人　陶曉清

黑夜，剝削了她對人的信任，那一夜，她不再純真。被玷汙的不只是身體，從此，她的靈魂開始邁向黑暗，試圖想從人性最殘酷的一面中找回光明與信任。她，潛入了最讓人無法正視的「陰道」。傾聽無數私密的《陰道獨白》，她的敬意，不但釋放了女人長期被忽略的哀愁，更還給女人該有的尊嚴。然而，一個致力為全球陰道平反的女人，子宮裡卻長出癌細胞……她掙扎求生的過程，無疑是我們女人重拾愛與寬恕的「回家之路」。

——魅麗雜誌發行人　賴佩霞

這本書是一趟水上旅程，河流有湍急之處，也有深有淺、有乾涸、有漩渦、有激流，有清澈的水塘和最終的大海。多麼令人激動，像是一根箭射入心裡。我為她每個字的誠實和清澈感到震驚。

——伊利莎白．萊瑟（Elizabeth Lesser，紐約全人靈性成長機構創始人）

驚人。

——瑪麗．奧立佛（Mary Oliver，美國詩人）

傑作。恩斯勒達成了不可能的任務：將改變世界的大膽想法用優美的文筆、美妙的隱喻和原創性的結構交織在一起。這是當代最有勇氣、最具原創性的創作。

——娜歐米．克萊因（Naomi Klein，加拿大記者、作家、社運人士）

恩斯勒寫了一本又深刻又脆弱的書，溫柔又有力量。她對於身體與自我的清晰洞見，以及她所傳達的強而有力訊息讓我驚訝。這本書不是為了病人而寫的；而是為了生命中曾經與疾病相遇的人寫的，也就是為了所有人寫的。

——辛達塔・穆克吉（Siddhartha Mukherjee，印裔美籍醫生、科學家、作家）

我敢說，每個人讀了《我，在世界的身體之中》都會落淚、大叫、起立，以敬畏和感恩的心面對這個美麗的破碎世界。本書中沒有同情、自憐，只有以充滿勇氣的生猛力量，面對恐懼與暴力的過程，還有誠實帶來的療癒恩典。

——泰利・威廉斯（Terry Tempest Williams，美國作家、環保人士、社運人士）

伊芙・恩斯勒具體呈現了剛果女人遭強暴與虐待的痛苦，以及大地長期受到褻瀆的痛苦。她的身心受傷，她的憤怒如火，她的文字充滿熱情，讓你的靈魂為之震動。

——伊莎貝・阿言德（Isabel Allende，智利小說家）

伊芙・恩斯勒的這本書不僅狂野生猛、無比重要，同時也是非常稀有的成就——讓人讀來不忍釋手、文筆優美，呈現了希望、真相、挑戰、慰藉，有時同時出現。

——亞莉山卓・傅勒（Alexandra Fuller，英國作家）

【譯序】

誠實、勇敢、兇猛的女人
——向伊芙・恩斯勒致敬

當心靈工坊出版社告訴我，她們正在談這本書的中文版權時，我立刻跳起來，大喊：「我要翻譯這本書！一定要給我！」

二〇〇七年，朋友帶我一起去看臺北場的《陰道獨白》演出。當時，我完全不知道這齣戲是怎麼一回事。聽這個劇名，好像很前衛，很「政治社會議題」走向，我不是那麼感興趣。但是朋友約，我就去了。

看完戲，我興奮得不得了，一張嘴笑得咧到耳朵旁邊去了，整個人蹦蹦跳跳的安靜不下來。我一直說：「哎呀，每個人都應該看看這齣戲，尤其是女性朋友更是一生一定要看一次。哎呀，有機會的話，我一定要讓我兩個女兒也看看！」

朋友們都回家了，反倒是我一個人留下來和工作人員跑去喝酒續攤。

那天晚上，我抱著看演出參加抽獎抽到的紅色絨布陰道形狀（具備大小陰唇和陰蒂）的靠墊，聽她們說話。我告訴自己，以後每年臺北演出《陰道獨白》，我都要去當志工，為這齣戲盡一分力。

第二年，二〇〇八年，臺北又要演出《陰道獨白》了。

之前，我的兩個女兒都已經成年，搬出去住了。只有這一年，老么回來跟我住，自修準備申請美國的學校。我想，剛好可以約她一起去看。後來又想，乾脆約她一起去做前台志工好了，這樣更有意義。再想想，孩子大了，可能只有這一年跟我住。將來何時還能一起看戲，真是未知之數。這樣一想，我就貪心了起來，想說既然如此，我乾脆上台演出好了，這不是更有意義嗎？

《陰道獨白》的演出是這樣的：所有的人都是不支薪的志工，所有的收入都捐給當地的婦女團體，所有在台上的演員都是女性，包括專業和非專業的演員。非專業的演員需要經過試鏡徵選。

試鏡的時候，每個人準備一段三分鐘的表演，唸一段台詞，再跟別的試鏡者依照導演命題做一段即興互動。

我去試鏡，唱了一首平埔族的思母歌，忘記唸的是台詞的哪一段，倒是對即興互動印象很深：三個女人一張椅子，隨便我們怎麼演。好難喔，我完全不知道怎麼跟椅子演戲，於是叉腰站在那裡，板著臉，看另外兩個人演，把自己當成某種有存在感的活道具。

這樣賴皮，還是被選上了。

等到演員集訓時，我一看就明白了，除了歌手萬芳和舞台劇演員杜思慧之外，其他人通通都是剛剛可以稱之為女人的年輕女孩。她們絕對需要我這種年紀的女人。

《陰道獨白》的劇本是伊芙．恩斯勒訪談了五百多位女性之後寫成，分為十一個段落，每個段落都是一段獨白，述說著或是個人或是集體的故事。從一開始的女孩成長經驗、初經經驗、服裝儀容的社會期待，到女性的憤怒、戰爭的殘暴、針對女性的髒話、高潮經驗，直到最後一段描述恩斯勒本人為媳婦接生的神性經驗，完整的述說了陰道之為陰道，一生中可能的親密經驗。

我負責演其中兩段獨白。第一段是一位老婦回憶年輕時候談戀愛，交頸親熱時溼了座位，被男友視為天生下賤，從此再也不敢放開自己，只有在夢中能夠有快感。最後，她的子宮被拿掉了，連春夢也不再來了。

另一段就是最後的接生。導演要我用台語演出，還請了台語老師給我魔鬼訓練。訓練到最後，我還是說了台詞就忘了動作，做了動作就忘記台詞，只好事先錄音，在舞台上演心情默劇。

在集訓的過程中，大家見了面打招呼都是說：「雞掰！」演出結束，演員到前台，合照時都是說：「來，一起說『雞掰』喔！」

一位女性觀眾滿臉痛苦的過來問我：「你們為什麼要這樣？這個字很難聽耶，對女性很不尊重耶。」

她完全沒看懂這齣戲！

我微笑的說：「就是因為這樣才要說啊，我們要把這個字搶回來，把它變成榮譽的象徵，我們要自己定義我們身體的名稱，不讓男人做決定。我們要把原來不尊重的名字變成光榮的名字，我們要帶著笑容說出它。」

戲落幕了，「雞掰」至今還是個不雅的名字，但是我們曾經大聲說出來而不覺得羞恥。至少在那一刻，我們是自由的、驕傲的。

至於我的女兒呢，她坐在觀眾席上，為老媽的演出感到緊張不已。她太緊張了，對老媽演了些什麼竟然沒有多少印象。演出結束，她呼了一大口氣，只覺得還好老媽沒出錯，她可是緊張得累壞了。

五年後，她從美國的學校畢業，表現優異，被選為畢業生致詞代表。我坐在台下，也是緊張得根本沒聽進去她說些什麼。

這本書是《陰道獨白》劇作家伊芙．恩斯勒的傳記。說是傳記，卻不同於一般的筆法，而是以她五十七歲罹癌、抗癌的鉅細靡遺過程為主軸，用蒙太奇加意識流的筆法帶出她的悲慘童年、迷惘成年和她關心的世界議題，其中尤其重要的是剛果內亂中軍人對婦女進行的計畫性摧殘。

這本書很沈重。雖然沈重，卻又一拿起便放不下來；沈重中，有時又令人忍不住大笑。

這是一位誠實勇敢、兇猛敏感、不屈不撓、有笑有淚、充滿自殺意念，卻又頑強求生的女人。讓我們向伊芙．恩斯勒致敬！

分割

母親的身體與孩子的身體緊密擁靠之處，便成為一個「地方」。她說，你在這裡，沒有這個身體擁抱著你的身體，就沒有屬於你的地方。我羨慕那些懷念自己母親、懷念某個地方，或懂得什麼叫做「家」的人。缺乏一個身體擁抱著我的身體的經驗，造成了一道壕溝、一個洞、一種飢渴。這種飢渴決定了我的人生。

我被流放於我的身體之外，在我很小的時候便被驅離，使我自此迷失了。我沒有小孩；我一直很害怕樹；我覺得大地是我的敵人；我沒有在森林裡住過，我住在水泥城市裡，看不到天空、日落或星辰。我以引擎般的速度轉動，比我的呼吸還要快速；我變成自己的陌生人，也變成大地節奏的陌生人。我崇尚我的陌生人身分，穿著一身黑衣，覺得自己很優越。我的身體對我來說是個負擔，所以我對身體的需要毫無耐性，但很不幸的，我必須維持我的身體運作。

缺乏身體擁靠著身體的經驗，使得依附關係成為抽象概念，讓我的身體流離失所，無法休息或安靜下來。有個身體擁著你的身體，這樣的經驗是築巢的開始。我的童年沒有家，只有一連串不斷落下的憤怒與暴力，讓我終生不斷移動、離開和墜落。這就是為什麼我曾經無法停止酗酒和濫交，為什麼我需要別人一直碰觸我，這無關「性」，而是「地方」。當你貼著我或進入我，當你把我壓在下面或把我舉起來，當你躺在我身上，我可以感覺到你的體重，感覺我存在，我在這裡。

很多年了，我試圖找到回家的路，回到我的身體，回到大地。我想，你可以說我簡直是著魔了，雖然我也能經由大地和我的身體感覺到樂趣，但這樣的我比較像個過客，而不是住在裡面的主人。我試過各種回家的路，諸如濫交、厭食、表演藝術等。我曾經待在亞得里亞（Adriatic）海邊和佛蒙特（Vermont）山區，但我總覺得疏遠，就像我和我的母親感覺疏遠一樣，我敬畏她的美麗，卻找不到親近她的路，她的胸脯不是餵養我的源泉。

每個人都欣賞我的母親，她常穿著緊身衣褲，頭髮編成法式辮子，開著她的黃色敞篷車奔馳經過我們小小的富有城鎮，所有人都張口結舌的盯著她看。他們都想要她，所以我也張口結舌的盯著大地和我的母親，渴望著。

我鄙視自己的身體，我的身體不像她的身體，當我父親侵入並占有我時，我被迫撤離了我的身體。於是我成為沒有呼吸、貪婪的機器，不斷努力追求成就。因為我不曾，也無法住在自己的身體裡或大地上，我無法感受或了解她們的痛苦，我無法直覺的感知她們的抗議或拒絕，而我從來無法懂得「足夠」的界限。我不斷追求，無法停止，我將這種心境稱為努力工作、忙碌、掌握情況、使事情發生。但事實上，我只是停不下來，因為「停下來」意味著分離、失去、跌落到令人想自殺的流離失所。

由於我跟自己的身體失去連結，於是我開始詢問其他女人身體的事，尤其是陰道（我覺得陰道很重要）。之後我寫了《陰道獨白》（*The Vagina Monologues*），開始無法遏止的談論陰道。我在許多陌生人面前談論陰道，也因為如此，使得更多女人告訴我關於她們身體的故事。我搭飛機、火車和吉普車穿梭世界各地，渴望傾聽其他曾經經歷過暴力和痛苦的女人的故事。女人和女孩被迫和自己的身體分離，她們也渴望找到回家的路。

我去了六十多個國家，聽到女人在自己的床上被猥褻、穿著大布袍被鞭打、在她們的廚房裡被潑酸、被丟在停車場內等死。我去了阿富汗的賈拉拉巴德（Jalalabad）、波士尼亞的塞拉耶佛、美國的阿拉巴馬、海地的太子港、巴基斯坦的白沙瓦（Peshawar）、科索沃的普里斯提納（Pristina）。我待在難民營、廢墟，或殘破的後院，在黑暗的房間裡聽女人點亮手電筒耳語著她們的故事。女人給我看她們遭砍傷的腳踝、受到腐蝕的臉、身上被刀和香菸留下的傷痕。有些女人已經無法再走路或性交，有些變得很安靜，最後默默消失，其他人則變成無法停止的機器，就像我一樣。

然後我去了另一個地方，跨出了我的理解範圍之外。剛果，在那裡，我所聽到的故事使其他所有故事都顯得不足為奇。二〇〇七年，我到了剛果民主共和國的布卡武（Bukavu）。我聽到的故事進入了我的身體。一個小女孩跟我說她無法遏止的尿在自己身上，因為曾經有很大的男人們硬是侵入她的身體；一位八十歲的女人跟我說她雙腿骨折，被撕扯脫臼，因為士兵將她的腿硬拉過頭，以便強暴她。這種故事成百上千，這些故事塞滿了我的細胞和神經，我開始失眠。所有的故事一起流著血，大地被強暴了、掠奪礦產、摧毀陰道，這些事情無法彼此分割，也無法與我分割。

剛果內戰已經持續了十三年，將近八百萬人喪生，幾十萬的女人被強暴、虐待。這是一場為了剛果的礦產而爆發的經濟戰爭，全世界都參與這場掠奪，在地軍人和來自盧安達、蒲隆地和烏干達的外國軍人進入村落殺人。他們在丈夫面前強暴他們的妻子，強迫丈夫和兒子強暴自己的女兒和姊妹，讓村民的家族蒙羞崩毀，以便占據他們的村落和礦場。剛果有各種礦產——錫、銅、金和鈳鉭鐵礦，是智慧型手機、電玩和電腦裡面需要用到的稀有金屬礦物。

當然，等我到達剛果的時候，我已經見證過了全球各地普遍可見的對待女性的暴力現象，但是在剛果，我見證了身體的盡頭、人性的盡頭、世界的盡頭。為了搶奪礦產，軍隊和企業不惜殺害女人，以有組織的強暴、虐待、毀滅女人和女孩做為鬥爭手段，成千上萬的女人被迫與自己的身體分割。不但如此，她們的身體、身體的功能、身體的未來都被拋棄——子宮和陰道被永久的摧毀了。

剛果和剛果女人的恐怖故事讓我無法忘懷，我開始看到了未來——一個怪物般的景象，全世界為了礦產和財富造成分裂和貪婪，不但允許而且鼓勵徹底消滅女性。但是我也在這裡發現了其他東西，在這些無法訴說的暴力故事裡，在剛果女人身上我看見從來沒有見過的決心和生命力量，優雅與感恩、凶猛與意願。在殘暴和恐怖的世界裡有著一股火熱的能量即將誕生，這些女人有著共同的渴望與夢想、要求與願景，她們想到了一個地方、一個概念，一個名叫喜悅之城（City of Joy）的堡壘。這將會是她們的避難所，一個安全、有療效、能夠讓她們累積能量、團結合作、釋放痛苦與創傷、宣告喜悅與力量，並成為領導者的地方。

我和我的團隊以及勝利日（V-Day，目標是終止婦女暴力的全球性組織，V代表陰道，也代表勝利）的委員會決心為她們找到資源和能量，協助她們建立喜悅之城。我們和聯合國兒童基金會合作建築硬體，接著在勝利日之後，找到繼續支持喜悅之城的資源。建築過程極為艱鉅，簡直像是不可能的任務——雨季使工程延遲、缺乏道路、沒有電力、貪腐的建築經理、聯合國兒童基金會的疏忽失誤以及物價飆漲。我們原訂五月開幕，但是到了二〇一〇年三月十七日，他們發現我的子宮裡長了一顆很大的腫瘤。

癌症頓時終結了我對自己身體的疏離感，讓我掉進了身體危機的中心，而剛果則是讓我陷入了世界危機的深處，這兩個經驗合而為一——我感受到的是終點的開端。忽然，我身體裡的癌成為到處可見的癌——殘酷的癌、貪婪的癌、化學工廠下游居民的癌、礦工肺裡的癌、成就不夠高的壓力引起的癌、深埋內心的創傷引起的癌、牢籠裡飼養的雞罹患的癌、浸在石油裡的魚身上的癌、不小心造成的癌、節奏快速必須達成、擁有，或吸了沾有甲醛石棉殺蟲劑染髮劑香菸手機的空氣造成的癌。

我的身體不再抽象。有人用手術刀切進我的身體，管子從體內跑出來，尿袋和導尿管幫我的身體引流，針戳進我的身體造成瘀青流血。我是血液、大便、小便和膿。我發燒、嘔吐、殘弱。我就是身體，我在身體裡。我是身體，身體、身體、身體。癌細胞病態且不斷分裂，燒掉了我的分割之牆，讓我回到我的身體內，就像剛果讓我回到了世界的身體中。

癌症是鍊金術，是改變的契機。別誤會我的話，我並非想為癌症辯護，相反的，我完全了解得到癌症的痛苦，也很感激醫學這麼進步，讓我今天還可以活在世上。我每天醒來伸手撫摸和身體一樣長的傷疤，對於醫師能將疾病從我的身體裡驅逐出去感到不可思議。我為自己能夠活在有電腦斷層掃描機器和化療的地方，並且有健康保險的錢支付醫藥費而感到謙卑，世界上大部分的人沒有這些資源。我特別感激剛果的女人們，她們在恐怖苦難中展現的力量、美麗和喜悅讓我不得不超越自憐，我知道她們持續為我禱告，拯救了我的生命。我很驚訝癌症到了二〇一二年才找上我，而不是二十年前就發生了。我很感恩，因為這若是發生在歷史上的任何一個其他時代，那麼我會在五十七歲之齡死亡。

辛達塔・穆克吉在他的暢銷書《萬病之王》（*The Emperor of All Maladies*）裡提到，「科學往往被描述為某種互動的、累積的過程，拼圖被一片一片的拼起來，每一片都對巨大的圖像貢獻出一個模糊的畫素點。」科學就像斷層掃描，三度空間的電磁波環繞著身體抓住影像，每個影像都是分開的，但是機器讓它們合而為一。

這本書就像斷層掃描，環繞著，檢查我的身體——抓住影像、經驗、想法和回憶。不知為何，只有經由「掃描」，我才能述說我的故事。被切開、導尿、化療、藥物、針戳、穿刺、探測、人工血管……這一切讓傳統的敘事方式變成不可能。一旦診斷出癌症，你的時間感就改變了，既可瘋狂的加速，同時又能完全的靜止下來。一切都發生得太快了，僅僅七個月間，印象、場景、光束、掃描一一在我眼前掠過。

終點，或許就從你的肝臟開始

氣質陰鬱的西恩醫師拿起我的斷層掃描片，一時間片子變成我糟糕的成績單、髒內褲，又像是剛果的地圖，每個可能的腫瘤處都是一個礦場。他舉著片子，而我等著他從他的白袍內拿出細長的筆。

「這裡——妳的身體。妳可以看到妳的子宮、結腸和直腸裡都有團狀組織。有些結節的陰影代表肝臟裡也有些東西。」

我說：「東西？」我的肝臟裡會有什麼東西？湯匙？撲克牌籌碼？鸚哥？我的肝臟裡會有什麼東西？

「有點狀組織，可能是囊腫，肝臟有時候會有囊腫。」

噁心！我的肝臟長了囊腫。

他說：「一定有長東西，但是除非我們進去檢查，否則無法確定那是什麼。」

進去？進去我的肝臟裡？除非你進去我的肝臟裡，否則不知道我是否得了肝癌？

我說：「如果你找到了東西，會怎麼做？」

醫師說：「找到之前，我們不確定會做什麼。」

這是壞消息，最壞的消息了，這是我這輩子最糟糕的一天，這一天我被告知我即將死亡。我的心在狂跳，我知道肝臟，就是肝臟，我曾經酗酒，我跟一個不斷戒酒的人同居，而他離肝硬化已經不遠了。我懂得肝臟，一旦肝臟完蛋，整個故事就結束了，一個沒有肝臟的人無法存活，但是我的肝臟已經痊癒了，我幾乎在三十四年前就已經戒了酒，而在二十年前也戒了菸。我是個素食者，還是個社會運動者，我常常表達我的情緒，而且我有大量的性行為，我舉重，我到哪裡都走路，可是我的肝臟裡有東西。天啊，它在我的肝臟裡。

之後我沉靜了下來，就像以前爸爸準備要毆打我的時候，我心裡出現的那種沉靜。我很沉靜，我不慌張，我要死了，這是終點的開始。我終於了解了這一年來我的感覺不是憂鬱，不，我不憂鬱，但我有個奇怪、清楚的不祥預感，就是我要死了，這個感覺很強烈，我一直提到死亡，讓自己學習接受。我說：「如果我死在這次的旅途中也沒關係，我已經過了一個很棒的人生。」

正因為我經常這麼說，所以兒子向他的心理諮商師說他很擔心，他希望我好好活著，更重要的是，他希望我不要再將不久於世的話掛在嘴邊。心理諮商師跟他說了些什麼我受到創傷、憂鬱、在戰地工作的過勞等原因。但是我知道，這一年來我可以感覺到身體裡的死亡，我不慌張，甚至不為自己難過，完全沒有，我過了很精彩的一生。

這完全是我想要的人生，我做了我想做的事情，我到過世界各地，我深深的愛著我的兒子、孫子，以及我的朋友們，他們也愛我。我寫的劇本對某些人有深刻的意義，我幫助女人——我認為我的確有幫助到她們。

我們離開診間後，我聽到自己冷靜的跟朋友兼助理、親密愛人兼經理的吐司說：「我明天要去剛果。要讓媽媽西知道我要到了。」

吐司看著我，彷彿我瘋了一般：「妳說啥？」

我說：「我要去剛果。你聽到醫師說的，也看到掃描了，我的肝裡有癌，肝癌就等於宣布死亡。我要見到那些女人，我要去剛果和她們在一起，我在那邊會死得很快樂。」

他說：「妳不能去剛果，明早就要動手術了，妳必須留在這裡，他們要幫妳動手術。」

我說：「我要去。」

他說：「妳不能。」

「我要去。」

「不，妳不能。」

感覺上我們似乎在對彼此吼叫，但我不確定究竟有沒有（吐司和我在一起八年了，從來沒有對彼此大吼過），我們好像在摔角，但我想我們並沒有。

「我要！我要！我要死在剛果。為了喜悅之城，我必須在那邊。我答應了，我得信守承諾。」

他說：「他們沒有確定肝臟裡有癌症，只說看到『點點』。」

「『點點』是委婉的說法，吐司，他們說不出『腫瘤』。他們不能說：『我們在妳的肝臟裡看到大塊的癌症腫瘤。』所以他們只好說『點點』。這真是個愚蠢的字，『點點』。他們為什麼不能直接說出口呢？他們為什麼不能告訴我真相？我需要真相。」

我們跌跌撞撞的（不確定是跌跌撞撞）走進這個癌症城市的癌症中心的長廊，看到兩張病歪歪的椅子，我們坐下，無法控制的哭了。

黛比醫師以及剛果癌症

我跟黛比醫師只有通過電話，對我來說她只是一個聲音，但很意外的，這位醫師的聲音充滿情緒。一開始有點令人尷尬，因為我們長久以來所受的教育就是與醫師保持距離，不可親近。距離意味著某種訓練，某種專業，讓他們不會在你血淋淋的身體裡迷失，或是捲入你的神經質執念之中。我們所受到的訓練，相信心和腦子必須分開才能保護我們。疏離中有某種神祕的保護力量，讓我們不致落入空無。

但我現在知道了，事實正好相反，第一次和黛比醫師說話的時候，我無法相信她是梅約診所（Mayo Clinic，美國癌症先驅機構）的醫師。她打電話來，因為她讀了一篇我寫的文章，關於剛果女性受到的殘酷對待和強暴。她在電話裡哭了，哭的幾乎無法好好說話。她說：「我願意提供任何協助，我能做些什麼？我們能做些什麼幫助她們？」

我想，此刻我需要先跟你說說剛果的事情，只是不知該從何說起，不知一切從何處開始——就像癌症一樣。是從我在紐約大學法學院遇見穆克維吉醫師時開始的嗎？

那天我走進一間房間——我想那是一間小教室，看到一名非常高大黝黑的非洲男人坐在椅子上。這個男人既美好又善良、努力付出、關懷別人，他大大的手擅長動手術，他展現出的微笑與能量充滿了安然篤定和疏離。他的雙眼望向遠方，充滿血絲、惡夢和哀傷，「英俊」這兩個字並不能正確的形容他，「有魅力」才是比較容易想到的字眼，但是我現在知道了，真正正確的字眼應該是「美好」。那天夜晚，我在舞台上當著五百位觀眾訪問他。我面對的是一位生活在世上最殘酷景象之中的人，身為婦科醫師，他必須一天又一天不斷的治療、修補那被侵犯、占領、掠奪了十三年的國土上，無數流著血、撕裂的、被扯出來的陰道。

還是要從我首度到達剛果首都布卡武遇見克莉絲汀（Christine），也就是媽媽西（Mama C）的時候開始？媽媽西，這位女戰士高大、美麗、不同凡響，穿著花色鮮明的非洲服飾和高跟鞋，顯得更為高大。她是我的翻譯兼導遊，陪著我訪談倖存者。是媽媽西受苦的心和母性所產生的力量嗎？或是在潘吉醫院房間外面聚集了好幾天，等著跟我訴說她們故事的女性倖存者？

是這些女人，當然是這些女人。顫抖的女人，哭泣的女人，缺了手腳的女人，缺了生殖器官的女人，臉上、手臂上和腿上有刺刀劃過的傷痕的女人，拄著拐杖的女人，懷中抱著膚色和強暴者一樣的嬰兒的女人，渾身上下都是大小便味道的女人，她們身上有瘻管——陰道和膀胱及直腸之間有破洞，於是她們不斷滴漏、滴漏。

這些女人有趣、熱情、聰明、凶猛。她們可以利用十元美金做出成功的生意，即使無法行走，她們仍然努力跳舞，她們的未來被偷走了，卻還能繼續歡唱。穆克維吉醫師、媽媽西、這些女人和剛果，我們不能忘記剛果。平滑如絲的藍色基伏湖（Lake Kivu），甜蜜溫暖的空氣擁抱著眾人，又高又綠的茂盛樹林，鮮豔無比的橘色和粉紅色的花鳥，早晨瘋狂聒噪的鳥群。我無可救藥的愛著剛果。

黛比醫師提議帶著她在梅約診所的團隊去支援布卡武潘吉醫院的穆克維吉醫師，我是個社會運動者，負責協助她執行這個計畫。她不是我的醫師，我也不是她的病人，我不是任何人的病人，我是社會運動者，我不生病的。

我發現自己在撥打她的電話，但當她接了電話後，我突然無法呼吸。我喃喃說著：「他們找到一個腫瘤，非常大，已經破裂並侵入了我的結腸壁。他們不確定是從哪裡開始的，可能是我的子宮，或許妳可以幫我。」

她說：「坐上飛機來我這裡，現在就來。」

疲憊

我對自己癌症初期癥狀的反應不但被動，而且簡直就是有自殺傾向。某種放棄的意念占有了我，我就像是一個偷窺狂，從很遠的地方看著我的身體，「疲憊」這個字眼一直出現在我心裡，半夢半醒間，我知道卻拒絕知道。疲憊，猶如被極端的危險引發的某種自發性嗑藥狀態，像是一部分的我被分離出來，一隻腳離開了世界，另一隻腳進入了潛意識。疲憊是在兩個極端的道德選擇之間拉扯所產生的癱瘓——忠誠或羞恥，改變或死亡。

在我的童年，很多時候我都是半醒半睡的，如此一來，當我父親半夜來到我的床邊時，我無須面對背叛母親的扭曲痛苦。世上我最愛的人在利用我、強暴我、虐待我，我無須弄清楚其中的瘋狂涵義。我無須體驗任何衝突，因為什麼事都沒有發生，我們就這麼做。

想一想全球氣候變遷，所有的警告都在眼前：熱浪、海平面上升、水患、冰山溶化、春天提早、珊瑚礁流著血、疾病遍布。這一切就在我們面前發生，就像我的陰道停止流血的五年後，再度開始流血，我的肚子漲大、很奇怪、不舒服、消化不良，接著就是大便時有血，我好希望那是痔瘡出血，可是我知道不是。

我盯著馬桶裡的血看了幾分鐘，這一定是我的終點即將到來的跡象，我們一切了然於心。我跟好朋友說了，有些什麼不對勁，我大便的份量和形狀都變了，變得細細的，好像有東西塞在我的身體裡面，我知道，但是我能去哪裡呢？我為什麼沒有為自己的身體反抗？因為要反抗的話，我就必須先面對出了錯的問題。這不可能發生在我身上，我私心認為反抗根本不會有任何作用。我要死了，乾脆現在就死了的好，我不想再受苦了，我想死。因為我瘋狂的愛戀生命，所以無法忍受自己的疏離有多麼深刻。

癥狀持續累積，但是我不回應，我不肯醒來，我們不會醒來。這是可怕的否認之眠，是否我們潛意識裡相信，我們不值得身而為人？是否我們暗自認為，因為我們的自私和愚蠢、殘暴與貪婪，使我們失去了存在的權利？

我只知道我等了太久，腫瘤以無法阻擋的方式蔓延，像大氣層裡的二氧化碳。它接觸、毀滅、崩頹，忽然間，一切就已經太遲了。我沒有好好的照顧我的身體，我害怕激怒別人，害怕在黑暗中出聲，害怕說出有什麼不對勁，因為一旦說出來就變成真的了，那麼所有的幻想都會破滅。我害怕我必須負起責任，大聲說出你在碰我，那是你不應該碰我的地方，這是不對的，這是亂倫。我必須揭發我的父親，最後我會失去父親，失去未來，失去愛，失去安全，失去生命。我會在圈圈之外——獨自一人。

我的前男友總是說：「妳得在家庭和尊嚴之間選擇一個。」

我覺得這個選擇其實更深入，是在清醒和半夢半醒之間做選擇。警覺，不向睏倦投降，不向香甜舒服的疲憊投降。這個疲憊終將成為我們大家的死亡。

癌症城市

要如何描述明尼蘇達州的羅徹斯特呢？它簡直就是一座癌症城市。這裡有一間巨大的醫療機構叫做梅約診所，員工三萬人，整座城市的存在就是為了支持這個醫療機構的運作，為它提供物料。羅徹斯特就像是科幻小說裡地球毀滅之後的未來城市，同時又像一般的美國中部市鎮，整座城市都友好善良，簡直到了嚇人的地步。大家都知道，所有來這裡的人都想釐清自己是否生病了，或是已經生病了，或是在復原之中，或是病得太重可能死在這裡。

整座城市就像一間安寧病房，餐廳女服務生都像是悲傷諮詢師，她們拿漢堡給你，握著你的手，讓你哭泣哀悼你的兒子、女兒、母親、父親、妻子或丈夫。所有的店員、清潔工、機場接駁車司機都看得出誰受了傷。每條街的轉角都有假髮店，在高級餐館裡，你可以看到有人坐著輪椅，吊著點滴吃晚餐，或是坐在外面抽一根菸。在萬豪酒店裡，每間房間都住了一位病人，或是希望自己沒有生病的人。如果你一直在否認疾病，否認有多少人罹癌，這裡會終結你的否認。如果你無法接受自己的身體終將有一天生病的話，這裡就是你喊出「天啊！」的地方。

我無法描述癌症城市究竟是令人感到安慰還是恐怖，就像美國其他事物一樣，它很巨大、令人迷失自我，令我不得不小心翼翼。它讓我想到我去迪士尼樂園玩的時候吃了迷幻藥，感覺一切都很好，直到我忽然明白我們身在一個完美的消費氣泡裡，馬的大便還沒落地就被小桶子收集起來，所有會令人不愉快的事物都被移除了，大家可以快樂、快樂、快樂。然而吃了迷幻藥的我開始慌張，害怕自己將永遠陷在這個樂園裡，進入樂園就表示他們已經控制了我的心智。我經歷了此生最糟糕的一次迷幻藥反作用，我記得當時很高興自己有焦慮感，因為這等於是公然反抗了布魯托和唐老鴨的世界，這個卡通的、一切自動化的、截肢的美國世界。

但是我在羅徹斯特並沒有服用迷幻藥，診斷突然從天而降，如此令人震驚，讓我不知不覺的進入某種出神狀態。當我走在充滿同質性、消毒過的、總是播放著背景音樂的世界中，我很高興自己被米黃色弄得不知所措。

英俊醫師

世上最英俊的醫師走進來，他要檢查我的屁股。當然，不然呢？我處於驚嚇之中。我躺在檢查檯上，內褲脫到腳踝，心裡想著這就是終點了吧。這個世上最英俊的男人知道我的結腸、直腸或子宮裡有可怕的腫瘤，他必須做觸診。我已經被羞辱和恐懼殺死了，我冒著汗、想吐，我蜷起身體希望他看不到我，希望自己消失，但同時我又全心渴望他看到我，讓這個經驗成為我身為人的一部分。

這時，英俊醫師從檢查檯的另一邊，也就是看得到我的背部和光溜溜屁股的那一邊走到我的面前，直直看著我的雙眼，說：「在我們開始之前，我要妳知道我有多麼尊敬妳，尊敬妳為這個世上的女性所做的一切，以及妳所有的文字，妳為了讓這個世界更好所做的努力。照顧妳是我的榮幸，我將盡所有的力量好好照顧妳。」

我覺得自己像在雨中發抖的小狗被陌生人撿了起來，此時此刻發生的事讓接下來幾天的一切都能夠忍受了。我知道我可以信任他，可以把我的身體交付給他，我敢打賭他救得了我。醫師從來不相信他們可以這麼簡單的給予病人尊嚴，一句話，從桌子的一邊走到另一邊，如此而已。

手術以及我們不知道的事

肝臟裡是否有癌？有多少「點點」是癌？我是否會需要袋子——結腸造口集屎袋？袋子是否會永遠在那裡？他們是否能夠找到全部的癌細胞，清除乾淨？

他們不會告訴我他們不知道我是否會醒來，會不會對手術、流血、麻醉產生不良反應。他們不會告訴我他們不知道我能不能和從前一樣，或是傷疤形成的時候到底是怎麼回事，在皮膚底下感覺像牛皮，或是手術後可能有的膿瘡預後情況如何。

我試著想像自己腹內沒有子宮、子宮頸和卵巢是什麼樣子。我的陰道要連到何處呢？我不知道直腸和肛門的差別，你知道嗎？我不知道我和我的子宮是連在一起的，我從來沒有真正思考過這一點。

他們不會說：「妳的體內會缺一大塊。」或是「我們可能必須切除部分陰道。」

我很高興他們沒有說。在袋子和肝臟之間，我已經有足夠的事情需要思考。我會因為陰道裡的癌症死亡，這簡直是他媽的太諷刺、太奇怪了。

我沒跟他們說，他們以為只是切除腫瘤，其實切除的是我體內的肉身紀念塔。一個又大又圓，緊繃的細胞線球，用女人的故事織成，充滿淚水、無聲的尖叫、搖晃的身軀，以及暴力經驗造成的獨特寂寞感受。殘暴秘密產下的肉身，每一條血管都是一個故事的緞帶。我的身體雕塑這顆腫瘤許多年了，將痛苦細細捏塑，每一撮陶土都是回憶。這是一個巨大的工程，吞噬了一切。

手術前一晚，我的好朋友們齊聚在病房，金姆特別著迷於儀式，腦子裡記得一千首詩，每當遇到任何情緒滿溢的時刻就一首一首的冒了出來，像是加了抑揚頓挫的妥瑞氏症（Tourette，患者會無法控制的反覆說某些字句）。她堅持要我宣示在這個旅程中的意圖與目標，要我在腦中想著，呃，活下來。但是我說我不想害怕，我要驅逐我的恐懼，任何恐懼。

她舉起藍綠色的詩卡，說：「選一首。」

我選了：

旅程

瑪麗．奧立佛

有一天，你終於知道

你得做什麼，開始，
雖然身邊的聲音
一直怒吼著
他們的糟糕建議。
雖然整間屋子
開始顫抖。
你感覺到以前的拉扯
抓住你的腳踝。
「修補我的人生！」
每個聲音都這麼呼喊著。
但你沒有停下來。
你知道你得做什麼，
雖然風在窺探，
用它僵硬的手指

在最根柢之處——
雖然他們的憂鬱
很糟糕。
已經夠遲了，
狂野的夜晚，
路上都是落下的
樹枝和石頭。
但是漸漸的，
你把他們的聲音留在路上，
星星開始閃亮，
透過層層雲霧，
有一個新的聲音，
你慢慢的
認出是自己的聲音，

陪著你，
你愈走愈深，
走進世界，
決心做到
你唯一能做的——
決心拯救
你能拯救的，唯一的生命。

我戒酒幾乎三十三年了，真是瘋狂，現在的我滿心期待被下藥，昏迷不醒，沒死但也絕不在場。在場就太過分了，那等於是要我確切的感受到袋子、肝臟裡的東西、消失的子宮、戴著口罩的男人切開我的身體。「點點」，「點點」他媽的到底是什麼？我兒子也在，我收養了他，因為他的生母死了。我的朋友都看起來很擔心。早上四點起床，然後被麻醉昏迷，但在麻醉之前先要灌腸。我母親不在場，我沒跟她說，因為我不要她擔心。剛果的女人沒有藥物、掃描或袋子這些奢侈品。拯救我的生命。

就在這裡，你會渡過宇治川

我們起身時，癌症城市還在黑暗中，吐司、金姆和寶拉陪我從旅館走到醫院去。我們都因為服用抗焦慮劑而感覺昏昏沉沉，他們扶著我的手臂，撐起我的身體，沒有人說話。我覺得自己像凱利．吉爾摩（Gary Gilmore）從猶他州立監獄走向刑場，我想他是被行刑隊槍決的，四槍正中心臟。這很可能是我的最後一個早晨，卻沒有一點該死的陽光，我最後的記憶一點也不美，只有萬豪酒店大廳鋪的假巴基斯坦地毯。

癌症城市仍在黑暗中，但是時光正好，大家正忙著呢！早上四點半，有那麼多人在活動，好像在機場似的。大部分是美國中西部的人，體重超過標準，餓著肚子，昨晚灌腸，腸胃空空。梅約診所的員工在這麼早的時間顯得太過愉快了，但在這個癌症航空公司候機室裡，時間消失了，只有病人和協助病人的人；即將被麻醉昏迷和即將麻醉別人的人；太過愉快的航空公司員工和我們其他人。我們都在往某處移動，戴著印了身分代碼的塑膠手環，不確定自己是否還會回來。

我交出衣物和首飾，試圖用過小的醫院長袍包裹自己，毫無裝飾的棉毯讓我感到安慰。經過最後一次灌腸，不斷的跑廁所之後，我試著不讓朋友擔心，試著不戲劇性的說：「如果我回不來，把我的書給……」

他們來推我進手術室，我爬上輪床，此刻我了解到為什麼你不能用自己的雙腳走進手術室，因為你的腿硬是不肯把你帶進去。這趟旅程沒有人能夠陪我去，我必須自己走這一趟，這是一趟大旅程。

我看到吐司、金姆和寶拉在揮手，我比出勝利的手勢，擺出最棒的微笑，然後閉上雙眼。我看見我站在潘吉開闊的土地上，在布卡武的喜悅之城，大地又溼又綠，太陽正要升起，遠處有山。我看到建築物已經蓋好了，我看到強壯的女人從一個課堂到另一個課堂，她們即將成為領袖和革命家，我看到她們煮飯跳舞。媽媽西和穆克維吉醫師來迎接我，艾莉莎也在，還有珍妮、阿爾芳欣和媽媽巴秋，我做了承諾。我不去想那些忽然出現在輪床四周戴著口罩，穿著長袍，拿著針、機器和膠帶的人。我不去想他們會在我體內發現什麼，我可能醒來後發現自己快要死了，也有可能永遠不再醒來。我不去想我母親不在場，而我父親已經過世，我甚至沒有注意到空氣這麼冷，我一直在發抖。我想像我在布卡武，那邊很熱，我在太陽底下，我信守承諾。

你必須下定決心，不能吝惜你的封地，不要想到自己的妻子兒女，不要依賴他人。你必須就這樣下定決心，這麼多人都死了，你存活至今的原因就是體驗此刻。這就是你渡過宇治川的地方，這就是你將分歧之處，這裡決定了你將獲得榮耀或讓你的名字蒙塵。這正是身而為人的困難之處，正是《妙法蓮華經》難以相信之處。你應該努力祈禱，希望釋迦牟尼佛、聖寶和十方聖佛都降臨，進入你的身體，協助你。

——《日蓮和尚著作》第一卷

兩個問題

我睜開雙眼，看見他們正用輪床推著我通過很長的走廊，突然間，我的妹妹進入我的視線，她就站在黛比醫師身邊，我很確定我死了，因為我已經有好多年沒跟我妹妹說過話了。她們兩個都對著我微笑，呃，我妹妹試著微笑，她的努力觸動了我，讓我想哭。

我的臉還是麻的，不知道如何哭或笑，我聽到自己經由奇怪的東西（似乎是我的嘴唇）說：「肝臟裡有嗎？」

黛比醫師說：「沒有。」

「我有用袋子嗎？」

黛比醫師說：「有，不過是暫時性的。」

好的，肝臟裡沒有，我的袋子是暫時的，我的妹妹在這裡，然後我就昏過去了。

子宮＝歇斯底里

身體的每一個開口都連著袋子或管子，我很快的意識到這是我的身體，我無法做任何事，只能按我的神奇止痛藥按鈕。這簡直是藥物上癮者的天堂，只要一痛或是一想到痛，或是可能會痛，我就按。

護士們用羅徹斯特口音問我：「伊芙，妳有多痛？從一到十？」一開始我都說八，我覺得八是個好數字，大家會同意我按神奇按鈕。雖然我覺得這個數字一定是誇大了，但我不知道。或許我的痛就是八，這全要看十是什麼。十是哭喊、尖叫、彎腰、幾乎要死掉的那種痛嗎？如果是，那麼八一定接近那樣了，這麼說來我就不是八了，但是管子和袋子也應該算進去，即使它們只是把我嚇壞了而已。或許我是六，止痛劑讓我漂浮著，幾乎感覺不到任何疼痛。也或許痛的記憶已經被藏起來了，就像冬天的衣服一樣，和手術的記憶一起被失憶藥物藏了起來，他們說這些記憶永遠不會回來。

如果在豪華晚宴或做愛時忽然生動的想起自己像一條魚或一隻豬似的被切開肚子，那一定很可怕。我有沒有跟你說過，他們切開了我的肚臍眼？我有沒有跟你說過，我一直很怕我的肚臍眼，甚至不敢碰它？它讓我緊張透了，當我用棉花棒清洗它的時候都必須憋著氣。他們切開了我的臍帶連結之處，這是我和我母親曾經有所連結的唯一證據，在這裡，她的血液和我的血液曾經融合為一。我有沒有跟你說過，他們切開我的肚臍眼之後，她就生了大病了？就在他們切除我的子宮、我的卵巢、我的子宮頸、輸卵管、淋巴結、淋巴管、陰道上半部和骨盆腔裡所有子宮頸附近的組織，也就是所有母性器官之後……這個以後再說。現在最重要的是，為什麼癌長在我的子宮裡？子宮，一個位於雌性哺乳動物骨盆腔裡的空的肌肉組織，胎兒在此接受營養、發育，直到出生。

我試著想像我的子宮孕育了這個癌，就像孕育胎兒似的，我差點有兩個。寶寶，如果不生寶寶，子宮還有意義嗎？癌細胞就是我試圖孕育出來的產物嗎？我是在孕育一個創傷寶寶嗎？

我記得很多年前，那陣子我似乎總是在生病，一位心理諮商師朋友以一種很了解狀況，又有點保護和同情的口吻跟我說：「伊芙，這是軀體化（somatize）。」「軀體化」，這個字眼就像個體化（individuate），我必須查字典才知道是什麼意思。「軀體化」是指面對過多壓力時身體自我保護的機制，將心理壓力具體表現為胃部、神經系統、子宮或陰道的生理癥狀。書上說，受過肢體、情緒和性侵害的女人較有軀體化的傾向，亦即軀體化和歇斯底里（hysteria）有關。「歇斯底里」一詞來自希臘的同根詞「子宮」，子宮等於歇斯底里。我的家人都說我歇斯底里，極端的情緒化。但是何謂極端呢？這也要看「十」是什麼吧？如果有人每天打你、罵你或猥褻你，你的情緒反應合適的數字是什麼？如果有那麼多人在吃泥土，在太子港的污水系統裡游泳，或找寶特瓶來賣錢，那麼住在這個世界裡的我們，如何反應才叫不歇斯底里？如果人們矇住別人的雙眼，逼他們戴著狗鏈裸體遊行，或是看著別人因為水災困在屋頂上揮手求救卻見死不救，那麼不歇斯底里的反應又該是什麼？

「歇斯底里」——這個字眼讓女人覺得自己瘋了，只因為她們知道她們所知的一切。這個字眼有諸多涵義——失控、瘋狂、不能把她當一回事、胡說八道。歇斯底里來自巨大創傷的痛苦，底層則是衝突，我的衝突是什麼？愛我的母親和父親？父親猥褻我的時候，我背叛了我的母親，即便會傷害我的母親，我也想獨占父親？見證了全世界發生在女人身上最恐怖的故事，即便用盡各種努力都無法停止這種暴力？想談戀愛卻完全無法信任對方，渴望連結卻總是感覺窒息？有任何事物不會造成衝突的情緒嗎？什麼不會造成創傷？

所以，切除我的子宮是否意味著他們也切除了我的歇斯底里？但我不覺得自己比較不歇斯底里了，事實上，管子、袋子和針讓我覺得挺不開心的。我在想，是否有一種病叫做強暴癌？我有強暴癌嗎？如果我們被猥褻、受創傷或被強暴就會得到強暴癌嗎？被強暴的時候，是否就有強暴癌細胞形成，然後在人生的另一個創傷時刻被釋放到血液中呢？有多少得到陰道、子宮和卵巢癌的女人曾經被強暴、毆打或受創？有人知道嗎？梅約診所可以做這項研究嗎？有辦法治療強暴癌嗎？每一次的創傷都會釋放更多的強暴癌細胞嗎？創傷是癌嗎？是這種執迷讓我生病的嗎？

我歇斯底里嗎？警訊！八八八，甚至是九。我按下止痛藥的按鈕。

墜落，或剛果恥辱症

沒有所謂的意外，又或許一切都是意外。我的朋友保羅跟我說：「妳好像得了剛果恥辱症。」事實上，幾乎每個人都多多少少表示過同樣的意見。

「我一點也不意外，伊芙。這麼多年，這麼多強暴的故事，這些女人進入了妳的生命。」

一開始，我沒放在心上，這對社會運動而言可不是什麼好宣傳。這就像是告訴大家關懷別人，聽她們的故事和痛苦，你也可能被傳染。手術結束後醫生告訴我，他們在我體內找到很少見的東西。子宮內膜的癌細胞在陰道和大腸之間形成一顆腫瘤，在直腸形成瘻管。癌細胞之於我，就像強暴之於剛果成千上萬的女人，我的手術和她們接受的手術一樣。英俊醫師，也就是我的結腸醫師，在手術第二天寫了一封電子信件給黛比醫師，說他無法入睡，因為他們發現的東西太神祕了，令他感到震驚。他說：「這些發現不是醫學上的，也不是科學上的，是心靈層次的。」

我一直被洞吸引，黑洞、無底洞、不可能的洞。洞裡存在著缺席、鴻溝、薄膜上的淚水以及瘻管，因長時間難產造成的產道瘻管。血液無法流到陰道和膀胱組織裡，造成組織死亡，形成一個洞，尿液和糞便經由這個洞無法控制的流出來。在剛果，強暴造成瘻管，尤其是輪暴，或是用異物侵入，例如瓶子或棍子。剛果東部幾千名女人都有強暴引起的瘻管，她們的創傷被視為戰爭暴行。

去過剛果三次之後，我必須看看瘻管，我要求旁觀修補手術，我要知道洞的形狀和大小，我要知道女人最重要的身體組織被棍子或一根陰莖或許多陰莖穿透之後，身體內部是什麼樣子。

戴著口罩、穿著長袍，我往這個女人的陰道深處看去，她躺著，雙腿打開，舊的醫院制服被撕成藍綠色布條將她的腳綁在腳蹬上。就像以往一樣，陰道讓我感到敬畏，那裡是如此複雜、如此簡單、如此精緻。在內層很明顯的有個洞、裂縫、核心故事的淚珠，幾乎是個完美的圓形，大約十元銅板那麼大，大到無法防止東西進入，或掉出來。

我忍不住想到天空，想到天空的膜和臭氧層的裂縫，人類已經成為破洞製造者了，子彈的洞、挖井的洞、創傷的洞、貪婪的洞、強暴的洞，原本要保護我們的表皮或內臟的薄膜，上面卻有洞；原本要保護我們，不讓紫外線照射到地球表面的臭氧層，上面卻有洞；造成細菌和病毒突變、提高皮膚癌機率的洞。

洞，創傷記憶的裂痕，摧毀尊嚴的洞，不讓我們有機會完整、圓滿。一個可以決定女人餘生的洞，讓她無法控制自己的尿液和糞便，讓她無法做愛或很難做愛。她可能無法生寶寶，即使經過許多次痛苦的手術可能還是治不好。

我站在那裡，一身口罩長袍，意識到自己停止了呼吸。這個女人的陰道就是未來的地圖，我可以感覺到自己在墜落，從世界的洞口墜落，從我自己的洞口墜落——當我父親侵犯我，我迷失了自己時產生了洞；當亂倫撕裂了社會薄膜時產生了洞。我從這個女人的洞口墜落，持續墜落。我一直都在墜落，但是這次不同。

我睜開雙眼，我妹妹璐就坐在我的床邊，這不是手術後的幻覺，她就在那裡，我閉上眼，需要一些時間來消化她的影像，我不確定我的感覺是什麼。她在這裡照顧我，好像這是最自然的事情，好像我們這些年來從未停止來往，好像我們一直保持著聯繫似的。她就這樣出現了，我又偷看了一下。

是璐。我愛我妹妹的臉，她的皮膚很細柔，她的胸部比誰都大，我以前會摸，但她每次都很生氣。它們是兩大團安慰，而我妹妹本身就是安慰，除了她不在的時候。她現在就在我床邊，我不禁充滿懷疑，她是在可憐我嗎？我痛恨別人可憐我。她終於可以控制我了嗎？現在的她占了上風，而我在下風。是罪惡感嗎？因為我的生病，因為我接近死亡，還是有什麼未完成的任務？她想在這裡嗎？還是被強迫的？是因為責任還是因為關心？我希望她是因為關心而來。我不了解我妹妹，她就這樣來了，就這樣飛來。我不確定我是否喜歡這樣，但她很霸道，她會主持一切，而我喜歡這樣。

我伸手輕輕碰她的手，她嚇一跳，我們兩個都嚇一跳，但是她握住了我的手。我們兩個都很輕柔。她微笑了，我微笑了，我的妹妹。

璐

拿掉了什麼

九小時
直腸
結腸的一部分
子宮
卵巢
子宮頸
輸卵管
陰道的一部分
七個淋巴結

新的東西：
用我的結腸重建的直腸
結腸造口
暫時的集屎袋

膀胱插了導尿管
腫成兩倍大的臉
我可以按的按鈕
覺得失落的時刻。

結腸造口

我不記得了，但是他們說我醒來之後說的第一句話就是要摸我的結腸造口。我很難想像自己如此勇敢，或想要如此勇敢，但是被下了那麼多藥之後也很難講。我一向就需要知道、看到許多事情，其實並不是因為勇敢，而是對黑暗中發生了什麼事情的恐懼：成年男子有味道的手侵入我六歲的身體；在盧安達首都吉佳利的某個房間裡有人在販賣剛果礦場；一群少女耳語著我的死亡。這就是為什麼我忍不住偷聽別人說話，毫無愧疚的偷看別人的日記，因為我必須知道，這讓我能夠掌握情況。

我拉開簾幕、打開門，小心翼翼的進入。我一點也不意外我會想碰觸用我的結腸做的、奇蹟般的在我體外紅紅肉肉的乳頭。結腸造口是某種小小的嘴巴，將我的糞便排到集屎袋裡，我揉揉她，感覺她，很像你在洞穴裡會找到的那種軟軟的動物。

我可以感覺到我妹妹覺得很噁心，她不想摸也不想看。我們是相反的人，每當家裡狀況很糟的時候（這其實是常態），她會忽然不在場，即使她人還在房間裡也可以消失不見。我從來沒想過，直到得了癌症之後我才想到，我不是勇敢，而是受虐狂，我誤將痛苦和難受當做某種形式的保護。我妹妹也會害怕，所以她表現出來，但我從未勇敢到允許自己害怕，我必須贏過我父親，在他的遊戲裡打敗他。他可以掐著我的脖子，也可以打斷我的鼻梁讓它流血，但是比起我可以對自己做的一切，或是將會帶給自己的一切，這些都不算什麼。

或許根本不是這樣，而是恐怖這件事情對我來說太熟悉了——腎上腺素狂飆，身體蜷縮，我的頭撞上牆壁後彈回來，幾乎死亡的感覺。可能我已經將這個熟悉的感覺當成連結、活著、愛。我總是受到暴力男的吸引，雖然這些男人沒有打我，但他們仍然活在爆炸的邊緣。如果受到刺激，他們也可以施加暴力。我知道怎麼逼他們，因為我需要看到那種甜蜜的愛，需要感覺到那種激烈——恨你、打你、需要你。這就是一開始的時候奶水如何到了我嘴裡——挨揍、狼吞虎嚥、滿臉都是。

我碰觸我的結腸造口，妹妹問我為什麼要這麼做？我可以感覺到結腸造口讓她覺得噁心，她不要碰。這就像我們小時候在豪華郊區路上看見的那場車禍，滿地的碎玻璃和血，我們聽說有個女人從擋風玻璃飛了出去，耳朵不見了，一群男人在找她的耳朵。我想去幫他們，我想知道在路中央踩到一隻耳朵的感覺如何，我想當那個找到耳朵的人，說：「在這裡，在這裡，我找到她的耳朵了。還有時間，還活著，她可以把耳朵再縫回去。」但妹妹不肯跟我去，她不肯當我的副駕駛，飛向困難和危險，她躲得遠遠的，也躲開我，很多很多年。為何不呢？

我十六歲就開始酗酒，用藥物麻痺自己，和成年男人窩在菲魔東（Fillmore East，紐約知名搖滾樂夜店，現已歇業）看午夜場表演，住在公社裡、裸體，甚至偷東西。我的論文主題是「美國現代詩裡的自殺議題」，當時我在酒吧當調酒師，在後面房間的撞球台上和人做愛；在雀兒喜之家（Chelsea House）照護精神分裂症病人，在十三街的流浪之家帶團體當輔導員。我走過法國的聖女貞德之路；半夜搭火車去羅馬；為一個穿皮衣的義大利女同志穿上細高跟鞋。從蒙特婁到溫哥華的火車上，我連著吸食了三天的迷幻藥；和一位有名的穆斯林爵士樂手有了一夜情，他用他的薩克斯風和祈禱似的召喚誘惑了我。我去了波士尼亞的強暴難民營；穿上大長袍進入塔利班占領的阿富汗；喝一大堆濃咖啡；開車經過埋有地雷的路，進入科索沃。我必須看到、了解、碰觸，找到那隻耳朵。

或許我在盡量使壞，或許我在尋找我的善良，或許我在愈來愈接近最深的非人性境域裡，試圖了解如何在最糟糕的情況下仍然存活。然後我去了剛果，在那裡一切都破碎了，在那裡，同一瞬間，邪惡人性最恐怖的行為和最深的善意並存。我去了那裡。

我的結腸造口，我體外的大便，既然不可能習慣她，那就最好贏過她，最好去碰觸她、了解她、看著她，即使我妹妹一再抗議，我還是繼續碰觸它。我不知道為什麼這個小小的、肉肉的乳頭讓我忽然感覺非常有母性（大概是藥物的影響吧），讓我想撫摸我自己的身體，這或許是我生平第一次想要保護她和我自己。為什麼她讓我痴痴的笑，好像結腸造口的乳頭是我的身體孕育出來的小寶寶，我想要了解她。我的結腸造口誕生了，出生喜訊就是她終結了我的所向無敵，我無法隱藏我肉肉的、露在外面的身體的一部分。

一位嚴守「有紀律的愛」的護士教我如何照顧我的結腸造口——清洗她，幫她塗乳液，好好的包紮她，不讓她乾裂或受刺激。現在我明白了，這個暴露在外、充滿糞便的乳頭代表了我的脆弱，她正是通往慈悲的道路。

我為何生病？

是因為豆腐嗎？

是因為我的婚姻失敗兩次嗎？

是因為我沒生過小孩嗎？

是因為我墮胎過一次，流產過一次嗎？

是因為我一直談論陰道嗎？

是因為我五十七年來每天擔心自己不夠好嗎？

是因為要在麥迪遜廣場花園（Madison Square Garden）塞滿一萬八千名觀眾，在超級巨蛋（Superdome）塞滿四萬名觀眾的壓力嗎？

是因為試圖改變的疲憊嗎？

是因為城市嗎？

是因為我每次演講、每次演出之後，都有大約兩百名婦女排著隊讓我看她們的疤痕、創傷、戰士的刺青嗎？這樣的事情持續了許多年，在幾百個小鎮裡重複發生。

是因為郊區草地的殺蟲劑嗎？

是因為車諾比嗎？
是因為三哩島嗎？
是因為我父親抽好運道香菸，而我母親抽萬寶路香菸嗎？
是因為我父親逐漸衰弱過世，我卻從未打電話道別嗎？
是因為我看著父親侮辱餐廳侍者，然後偷跑回去把我的零用錢給他們嗎？
是因為我母親的纖瘦和弱不禁風嗎？
是因為不好的書評嗎？或是好的書評？還是因為有人寫了書評？
是因為我和已婚男人上床嗎？
是因為我總是第三者嗎？
是因為我的第一任丈夫和我的好朋友上床嗎？
是因為購物和一直想購物嗎？
是因為我吃素三十年嗎？
是因為早餐吃色彩鮮豔的五穀片嗎？
是因為游泳池裡大量的氯？

是因為代糖飲料嗎？我戒酒之後喝了很多代糖飲料。

是因為我母親幫我燙頭髮的化學物質嗎？聞起來就像是有毒。還是我母親用來將我的頭髮再燙直的化學物質？

是因為我被迫一直穿在洋裝底下，被漿得硬挺、極不舒適的襯裙？

還是因為莎莉譚寶？薑汁汽水加紅色食用色素二號，上頭放了一顆浸過紅色食用色素二號的櫻桃，這是參加鄉村俱樂部、有頭有臉的酗酒父親最愛點的飲料。

是因為喝塑膠瓶裡的水？

沒有喝母乳？

罐頭食物？

微波餐盒？

藍綠色的冰棒？

人類皰疹病毒？

在我的血裡嗎？

注定的嗎？

防蚊液？
是因為我哭得不夠嗎？還是哭得太多？
是因為濫交嗎？
是核電廠裡發生的事嗎？
是因為在輻射塵中睡覺嗎？
是因為子宮內避孕器？還是避孕藥？
是因為界限不夠清楚？還是因為築了太多的牆？

繞圈圈

我的房間裡有一塊小板子還有一隻紅色的簽字筆，我每次散步就可以打一個勾，每天需要六個。一開始，我每天只散步兩三次（走到房門再走回來，大約四步之遙），但我畫了五個勾，我說謊，我無法相信自己在騙人，但是沒人理會我說的謊，醫院裡的一切都不等我準備好就推著我前進。我不想清醒，我不想學怎麼換袋子，我更不想散步。這裡有一個助行器，我倚靠著它往前一步，再一步，繞著門外的護理站順時鐘走一圈。我在護士周圍繞圈圈，毫無疑問的，護士是我的崇拜對象。就像佛教徒那樣繞圈圈，我曾經在拉薩的大昭寺裡參加他們的繞圈圈，他們一繞就是好幾個小時，試圖重新調整心智，朝向更偉大、更自發性的慈悲。在梅約診所的護士莫妮卡、朗達和莎拉就是我的喇嘛，她們為我換藥、換床單的時候如此輕柔，如此精準。她們既善良又堅定，她們讓我的碎冰塊有了好味道。

今天我兒子陪我繞圈圈，我覺得自己又老又醜，手術之後我的頭髮扁平，皮膚蒼白，我覺得自己像隻癲痢狗。我在加德滿都一座廟前看過癲痢狗，牠應該有狂犬病，嘴巴冒泡。有個和尚跟我說，廟宇附近所有飢餓骯髒的狗都是沒有涅槃的喇嘛與和尚，我將那隻癩痢狗的照片放在我的桌上很多年，提醒我必須努力。

現在我是一隻「有兒子的癩痢狗」了，他沒有逼我，這一點讓我開始擔心。多年來他都是我的虐待狂運動教練，無所不用其極的一直逼我超越。在他十五歲，我二十三歲的時候，我收養了他，我和他父親結婚了，我一直想保護他。我兒子的生母戴安和我長得很像，她被槍殺的時候我兒子才五歲，他看到他們用擔架將她血淋淋的身體抬出去。他們一直沒有跟他說她死了，他等了一年，她一直沒有回家，所以我特別努力，永遠不離開他。

現在他在我身邊，非常安靜，靜到我可以聽到他腦子在轉動——重新計算繞圈圈的每一步，以及模擬我離死亡的距離。我想拉著他的手說：「聽好，夥伴，我不會死，好嗎？喪母不是你的宿命，你不會再被殘酷地拋棄。我永遠不會離開你，記得嗎？我答應過你的。」

但是我說不出口，也許是必須改變的時候了，我們老了，我五十六歲而你再過兩年就要五十歲了。或許我現在沒有答案可以給你，沒有答案給任何人，或許大潮趁我們不注意將我們的獨木舟捲到了海上。或許我們現在能做的就是繼續划船，跟著潮水走，遇到困難的時候彼此依賴，如果我們靠岸了，無論何時何地，我們都會很快樂。或許我無法再給你什麼，只有空無，我願與你分享。

碎冰塊

我有個一分為二的結腸，直腸不見了；還有一個集屎袋，但完全不知道食物要怎麼消化，也不知道最後會跑到哪裡，在我的想像中，所有切除的器官和剩下的器官都被我搞混了。我滿心只想吃個漢堡，當痛楚過甚，開始產生幻覺時，我看到癌細胞自在的流來流去，於是我專心想著漢堡——肉和麵包。我可以嘗到血，我要還帶著血的漢堡肉，我要碳烤漢堡流下來的汁液，我要所有的配料，番茄、萵苣、酸黃瓜、番茄醬，我要用手拿著漢堡，我要像一個正常健康的人一樣坐在我的病床上吃漢堡。

這是在懷舊嗎？懷念我十六歲之前的稀有時刻。我十六歲時發誓不再吃肉，但在此之前我們偶爾在廚房吃漢堡，這表示我父親不在場（他從不和孩子與廚娘一起吃飯）。我們可能有一點開心，一點點？或許漢堡代表了開心時刻，或許懷念的對象是我不曾擁有的——一個正常快樂，週六晚上吃漢堡薯條的家庭。或許漢堡代表安慰，或許漢堡代表反抗，我已經堅持吃素二十年了，手術結束後我卻一心想吃肉。我要吃肉，我不要那麼乖了，不要那麼完美，只吃豆泥、豆腐、代糖飲料。

肉一直讓我噁心，可是我現在要血，我簡直像是長了狼牙一般，我讓自己和我的朋友派特和卡蘿都嚇了一大跳。他們說，從一小匙果凍進展到一整個漢堡可能太過分了，但我告訴他們我覺得漢堡代表我恢復正常了。他們看起來很苦惱，彷彿我本來是一個終身共產黨員，卻忽然開始賣起垃圾基金，他們需要那個以前的我。我說很多事情都變了，例如我得了癌症，失去了一些器官，身上還有個袋子。

他們希望我快樂，這是他們唯一想要的，他們要我活下來。於是他們去羅徹斯特各處購物，回來時帶了各種彩色的睡衣和襪子。他們幫我插花，幫我調整枕頭，坐著陪我度過最難受的那幾個晚上，在我病房地上鋪紙箱睡在上面。他們逗我笑，和護士交朋友，最後幫我買了漢堡，他們真的買了，他們甚至把漢堡放在盤子上，旁邊放著薯條。我不確定我是否在胡說，可是我記得我吃漢堡的時候，床邊站了一圈愛我的人，全都看得目瞪口呆，就連資深護士莫妮卡都拉了張椅子坐下。我不在意他們看著我吃，我需要見證者，見證我的身體需要肉和血。我囫圇吞棗的吃著，幾乎停不下來。這簡直是近乎淫穢了，完全的、過分的公開，如此裸露，如此飢渴。

這讓我想到我去肯亞馬賽人區（Masailand）的公園看獅子，三十輛車子聚集在一起，從世界各地來的遊客呆立著，看著一隻巨大的獅子拖著一具斑馬屍體穿越草原。原來獅子根本不咀嚼的，牠們用巨大的上下顎咬下肉來直接吞下去，獅子毫不羞恥，也不驕傲，牠的體內有個什麼東西迫使牠做這件事，於是牠就做了。就那麼簡單：生存，無須道歉，無須鼓掌。

我看著那頭獅子，心裡湧起的恐怖和愉悅就和圍在我病床旁邊的朋友臉上的表情一樣。我吃得太快，竟然將整個漢堡都吃掉了，到了晚上，我的身體完全罷工，就像一根大樹枝卡住割草機似的停擺了。他們說堵住了，我吐了……吐了一大堆東西，接下來十天我都靠著吃碎冰塊過活，掉了大概二十磅，可是我是獅子。

病人

有一天，一位長得非常好看，個子非常矮小的義大利醫師像小矮人似的出現在我的病房，他說：「妳做了許多事情，但是妳從來沒有當過病人，現在妳要學著當病人，這對妳來說會很困難。」

他說得對，我最不想當的就是病人，我不喜歡病人。第一，他們生病了，生病表示不健康、沒有能力、不能工作、無法改善事情。生病就是投降、認輸。生病是浪費時間，沒有成就。生病很孤獨，一個人卡在那裡，而整個健康的世界仍繼續前進。

為了某種奇怪的原因，我在醫院病床上戴著墨鏡。（服用了一堆藥物使我看起來浮腫可怕，一點口紅、一付墨鏡和我的粉紅毛線帽應該會讓我好看些，但事實上，我看起來像是瘋了。）我戴著墨鏡，希望小矮人不要看到我的眼睛或看出我的想法。光是聽到我是個病人，我的腦子就瘋狂的失控亂轉，很顯然的，有些東西比癌症更讓我害怕，那就是「停下來」，靜止不動，無法做事或旅行，無法演講、組織活動或寫作……我不要當他媽的病人。

義大利醫師接著說：「這將會是妳的一個人生關鍵，妳學會同情自己，學會當一個病人。」此時我只想用我的靜脈注射管勒住他的脖子，用力拉扯。

然而聽了他的話，一部分的我生氣拒絕，另一部分的我卻已經到位。我看著到位的我，她真的了解一些我不知道的事。那部分的我喜歡這個小矮人，想要坐在他大腿上當他的病人；那部分的我實在是太累了；那部分的我知道他說的是真的，他是領航者，給了我一個挑戰，一個視野，說：「就是這樣，妳的生活必須改變，不能再被驅策著前進，不能繼續想證明任何事情，不能再過反應式的人生，不能再說『去你媽的』或『我證明給你看』。妳就是這樣子才會生病，妳的疾病就是過度透支妳的身體，使神經系統不斷的戰或逃，永遠在驅除想像的敵人，永遠在逼迫自己、驅策自己，逼迫、戰鬥、驅策。」

我現在太累了，我有癌症，我的器官被拿掉了，我的身體連著管子，還有一個袋子，我的身體被從中間縫起來，沒有驅策的力量了。我找不到排擋桿，我是病人、病人、病人。自從我第一次聽到父親提高音量以來，我的心有些什麼首度鬆開了，於是我沉睡，我真的睡了一覺。

破裂／墨西哥灣污染

在斯隆凱特林醫學中心（Sloan Kettering，美國頂尖癌症醫學中心），他們讓我看斷層掃描螢幕，我的身體中央有一大片黑色——同一天，墨西哥灣發生原油污染，受到污染的墨西哥灣就在我體內，四百五十毫升的膿，每天六萬桶的原油，腹部內的膿瘡，手術後的感染，爆炸後的漏油感染擴散到了海洋的血液中。

我的身體破裂了，糞便從他們縫合的地方漏出來，滴漏、溢出、排出——同一天，同一時間，英國石油公司發生爆炸事件，而我的每個開口都在流膿，無法停止。他們試圖阻止但是徒勞無功，完全無法阻止惡臭的味道，那不像這個世界會有的味道。袋子塞滿了，但我無法即時到廁所去，於是袋子炸開了，我在嘔吐，我的腸子才剛縫合，尚未真正癒合，痛得要命。

我的癥狀包括腹部疼痛、發冷、腹瀉。鳥的羽毛沾染了原油，讓牠們無法浮在水面上，被攻擊時無法脫逃。當鳥用鳥喙整理羽毛時吃進的原油會毒害腎臟，改變肝臟功能，使消化道破裂，讓牠們沒有食慾，嘔吐。海豚的氣孔噴出原油，肛門脆弱，腸道塞滿。海豹毛皮的保溫能力降低，使牠們失溫、嘔吐、衰弱。

醫師們要開始幫我做化療了，但是除非感染消失，否則他們無法做化療，然而我太虛弱了，有太多可能的併發症，化療會讓我的免疫系統失調，而我是感染的溫床。他們需要把膿吸出來，治療腹內膿腫要用抗生素（經由靜脈注射）和引流，用針穿透皮膚直達膿腫，通常經由X光引導，接著讓引流針留在那裡好幾天或好幾個星期，直到膿腫消失。

經過兩次失敗的嘗試之後，英國石油公司的工程人員成功的將一條一．六公里長的管子塞進破裂的升流管，將部分原油引流到海面上的鑽油船。費了九天時間，管子用虹吸原理吸出大約兩萬兩千桶原油，這還只是污染的一小部分而已。

接下來的三個星期，斯隆凱特林的團隊三度將管子插入我的膿腫中將膿液引流出來。第一次被推進手術室的時候，我決定戴著墨鏡，因為光線太亮，我覺得太暴露了。團隊中有一位非常傲慢的搖滾外科醫師，對待我身體的方式就好像我是一把破爛的練習吉他一般。他告訴我可以繼續帶著墨鏡，因為很火辣（他說的可不是我本人）。然後在我毫無心理準備的情況下，他忽然將一根很粗，連著引流管的針插進我的傷口裡。我大叫，跟他說真的很痛，但是他不停手也沒為我麻醉，甚至好像根本沒聽到我說話。我繼續尖叫，而他繼續做他的事，我恨死他了。我哭了，覺得

自己像那種樂團女粉絲，發現自己太傻，不應該在車子後座和樂團團員發生一夜情，可是沒人聽到我的抗議。

後來我和我的治療團隊會面，他們看起來非常不專心。我跟他們解釋，說這個過程真的非常痛，因為感染讓我變得非常虛弱，體重掉了許多。但他們告訴我，他們必須等到感染都消失了才能做化療，他們一直在等我。

我覺得自己失敗了。在我們說話的當下，我的癌細胞正在不斷分裂。他們要我考慮接受放射線治療，之後他們將我送到另一位既不專心，又不耐煩，還很傲慢的醫師那裡，他讓我覺得我提出的問題都很幼稚，簡直就是在浪費他的時間。他說他們計畫用放射線照射我罹癌的部分，但是我的腸子周圍已經開始形成結痂組織，無法像正常腸子那樣蠕動（又是我的錯），放射線可能會一再擊中同樣的部位，這樣一來，我將永遠無法進食，而且必須永遠帶著袋子。聽到這裡，我問了非常惱人的問題：「放療有必要性嗎？」

「我們不知道。」

「放療比化療更有效嗎？」

「我們不這麼認為。」

「放療和化療一起進行會比較有效嗎？」

「我們不確定。」

「對子宮癌而言，化療是否比放療更有效？」

「是的，確實比較有效。」

我問：「既然放療可能摧毀我的腸道，讓我無法進食或排泄，那為什麼還要考慮放療呢？」

他說：「完全是看妳，只有妳能夠做這個決定，我們已經給妳數據了。」

此話暗示了我即將做出錯誤的決定，於是我說：「如果是你的身體，你會怎麼做？」我試圖把他的身體帶進現場。

他說：「很難講。」

我繼續說，繼續惹火他：「可是如果連你都不確定效果，你為什麼把我放在這個位置上，讓我必須做出決定？」

這時他說出了世界名言：「我們傾向於『無所不用其極』。這是我們唯一的手

段。」

我說：「唯一的問題是，這個決定和『我的』身體連在一起。」

我發誓，他的眼睛連眨也沒眨一下。對他而言「我」不重要，「我」太個人、太特定了。他必須越過「我」，才能到達他要去的地方，「我」可以被犧牲掉，以便蒐集更詳細的數據。我忽然了解那位巴基斯坦新娘心裡是什麼感覺，炸彈降落在她的婚禮會場，新郎被炸成碎片，她的母親血肉模糊，所有的事都是因為他們為了轟炸蓋達組織「無所不用其極」。我忽然很感謝我的感染和腸子裡的結痂組織，讓他們無法對我「無所不用其極」。

後來，黛比醫師告訴我，她和一位天才型的腦科醫師合作，這位醫師是她的導師，他執行過無數的手術，試圖切除腦癌組織，但手術經常失敗，病人會死掉。她有一次問他，為什麼選擇這個成功率如此低的領域，他說：「因為有時候會成功，於是所有的失敗都值得了。」

他記錄成功手術的共同點——所有的病人術後傷口都有膿瘡感染。他認為，為了要對抗感染，他們的身體同時也對抗了癌細胞。膿瘡感染可能有治療效果。

或許我在試圖抓住浮木，但是我喜歡浮木。我回家擁抱我的膿瘡，雖然它讓我很不好過，但卻使我的免疫系統活了起來，我需要我的膿瘡。我戴上拳王阿里簽名的拳擊手套，對著鏡子打拳，我第六次看《拳王阿里》（*When We Were Kings*，阿里挑戰重量級拳王福爾曼決定性一戰的紀錄片），叢林中的打鬥，歷史上最偉大的意外擊倒。這就是我的目標，是阿里堅持的力量。福爾曼還年輕，前幾回合他竭盡全力，就像這個感染。阿里留在擂台上，身體承受好幾百拳，即使是阿里最大的支持者都下注在福爾曼身上，但他是為了更偉大的目的而戰。第八回合，他擺平了福爾曼。

變成別人

我每天都打電話給媽媽西，無論是剛動完手術還昏沉沉的，或是痛個半死，或是沮喪憂鬱。我坐直身體，改變聲音，我變成別人。媽媽西被困在貪腐的建商和失能的聯合國兒童基金會管理階層之間，水泥無法運到，因為路都還沒有建呢！物價每個小時都在飛漲，缺水缺電，村落被入侵，發生大屠殺，大雨兇猛，沒人照顧的寶寶遭大水沖走。

我每天都打電話給媽媽西，大家都說我身體太虛弱了，不該打電話，但是老實說，我為了打這些電話而活了下來，十五或三十分鐘，有時一小時，我越過自己的黑暗與恐怖，越過我的脆弱和不適到了別處。我聽到故事，我請媽媽西描述早晨的景象，她跟我說起鳥群的驚人合唱；她也說起鄰居的喪禮，樂隊整個星期整夜唱個不停，害她沒辦法睡覺。她描述自己吃到的最完美的芒果；她樹上剛成熟的酪梨；佳絲汀和她的劇團演出的《陰道獨白》在村落的教堂引起騷動，熱烈討論陰道和強暴。

她告訴我精華路上忽然出現一群牛，引起三小時的塞車；她告訴我喜悅之城開幕時，大家不可以拿著照相機照倖存者，因為這裡不是動物園；她告訴我穆克維吉

醫師好友的孩子在路上被刺刀殺死，妻子也遇刺、精神崩潰，誰也不知道是誰下的手。

她告訴我，我們會弄一個很大的菜園，我問她可不可以養羊。我們討論員工、訓練、經費和開幕。我們夢想著前一千個女人畢業後，回到家鄉、社區將會引起的革命。有時媽媽西會沮喪，而我用自己的力量鼓舞她。

有時她對我撒謊，假裝一切都很好。我幾乎無法向她抱怨，因為在剛果大家很少談到癌症，這個字很少用到。如果有人得了癌症，通常都太晚了，因為他們沒有斷層掃描機器，布卡武和基伏區都沒有。有瘻管的女人會失禁，一輩子大小便失禁，因為很不幸的，她們沒有袋子，而另外有些女人則被送進森林裡一個人住。珍妮動過八次手術，阿爾芳欣身上插了管子，一直祈禱要自己堅強，她們兩個人都一直在照顧別的女人。

媽媽西是比利時和剛果的混血兒，她叫我伊芙，怕做化療的伊芙。化療，聽起來像桌上遊戲，甚至是很幸運的東西。我們不談她的恐懼，因為她害怕我會死去，留下她一個人和喜悅之城。我們不談穆克維吉醫師，因為他為了我的癌症感到身心

交瘁。

幾年前，我們組織了一個很大的遊行示威，至少五千個女人走上布卡武的街頭抗議強暴、戰爭和虐待。我們走到一個很大的空地，國際組織代表、有錢人和第一夫人坐在棚子下面，幾千名曾經被侵犯、拋棄的窮困女人站在烈日下，沒有演講台，只有一個木箱。

我看起來像個不那麼酷的白人女性切．格瓦拉（Che Guevara，古巴革命烈士，反主流的代表性人物），我戴著黑扁帽遊行了一整天。第一夫人看起來像是吃了迷幻藥的戴安娜王妃，穿著嚇人的粉紅色洋裝，戴著跟剛果首都金夏沙一樣大的帽子。媽媽西幫我翻譯，我們站在搖搖擺擺的木箱上，手臂環繞著彼此的腰免得掉下來。高大的媽媽西和嬌小的我對著一支麥克風，開始演講了，但是老實說，我並不知道是誰在演講。我說英語，她用法語幫我說完，我們的身體分不開了。在剛果的一片空地的木箱子上，我們合為一體，為女性的抗爭猛烈發聲。

當心得到最好的

我是躺椅上的一灘膿油，我現在有兩個袋子：一個引流膿液，一個引流糞便。感染、抗生素和抗焦慮劑讓我很虛弱、沒有胃口。我發現自己一直反覆看著原油流進墨西哥灣的影片，全身都是油的鵜鶘以及被沖刷上岸的海豚寶寶屍體。結果我發現我不需要有子宮也可以很歇斯底里，所有照顧我的人都很生氣，尤其是璐，一直想把影片關掉，但我就是要看，奇怪的是，原油污染的影片竟然能夠安撫我。

我其實不在意死亡，誰想要活在一個海洋在流血的世界呢？我跟你說過嗎？我母親就住在墨西哥灣，那是她最喜歡的地方。我跟你說過嗎？我很愛我母親的一點就是她能夠認出每一隻白鷺鷥、海鷗和鵜鶘，並為牠們取名字。我母親知道海豚何時會出現——季節和每天的確切時間，即使她在自己的公寓裡，也可以感覺到牠們在外頭的海上。有時候她會停下手邊的事情跑到陽台上，好像牠們在呼喚她。我知道沙灘被原油污染會讓我母親傷心欲絕，她已經很瘦弱了，過去的三十年裡她得過三種不同的癌症，一次是甲狀腺，一次是肺臟，最近的一次是膀胱。

我已經連續看了三小時原油污染的影片，璐走進來把電腦拿走。我很有把握她要教訓我了，不料她只是輕輕的、小心的說：「它回來了。」

我問：「什麼回來了？」

「癌症，媽媽的癌症回來了……在膀胱裡。我們本來不想跟妳說，但是很嚴重，她必須動手術。」

我不看璐，我又開始看原油污染的影片。

到了晚上，我的袋子又破了，可怕的味道又回來了，我非常虛弱。第二天，我又回到斯隆凱特林，這次我覺得所有的醫師護士都非常沒有耐性，他們受不了我。我的感染拖太久了，我的身體沒有在做她該做的事，在他們又照了一次斷層掃描之後，發現膿腫的引流管位置不對，無法引流出剩下的膿液，於是他們必須再度用針和管子進入我的傷口。

第二次了，一位女性醫師沒有使用足夠的藥物，但似乎只有護士聽到我的尖叫聲。我回到家，很明顯的，膿液在吞噬我，我沒有把握我可以撐到第八回合。在回醫院的計程車後座上，我吐在一個杯子裡。我們又一次在急診室裡等了九個小時。

我餓得不得了，他們終於允許我吃點東西，我剛嚥下第一口沙拉，一位實習護士便走進來大叫，說我完全搞砸了，膿瘡手術前不能進食。璐告訴她不需要這麼苛刻。或許她沒注意到我生病了？

我的這位姊妹過去三十年都在努力拯救愛滋寶寶，她的生命都奉獻給窮困社區的早期兒童照護工作。這位姊妹知道你的童年經驗將決定一切。沒有人能唬弄她。

實習護士離開了，但十分鐘後又回來，態度一百八十度大轉彎，告訴我們可以動手術了。我忽然很慌張，不確定她之前的警告是謊言，還是她現在決定害死我，以懲罰我妹妹，兩者都不妙。事實上確實不妙，這次是一位新的、年輕、沒經驗但稱得上英俊的醫師，很明顯的，他是在正要離開醫院時被叫回來進行這項手術。他別無選擇，他是食物鏈中的最低階，但這不表示他會態度和善，顯然他有晚餐約會，而我的惡臭膿瘡耽擱了他的計畫。

我立刻感覺到他沒有做過多少次膿瘡切口引流的手術，或許從來沒做過。值班護士年紀比較大，懂得比較多，但是他不聽她的話。我發現自己在喃喃自語，試圖解釋這是我的第三次了，之前的兩次都很痛苦。我忽然退回到了十歲大的年紀，囁嚅的女孩聲音懇求他大發慈悲給我麻醉藥物，但他似乎沒有聽到，幸好護士聽到了，在這趕著去吃晚餐的手術開始之前，她匆忙弄了些藥物給我。

因為憤怒，我的能量回來了，我又站起來了，我又站在拳擊擂台上，就像吐司謀劃的那樣。我在房間裡踱步，我的身體又臭又膿，我脫掉衣服看著鏡子裡自己的裸體，我把手放在我的新袋子上，看著膿血從我體內流出，另一邊是我的集屎袋和我的糞便。短短的幾個月裡，一切就這樣發生了，多麼不可思議。我看起來滿臉病容，瘦弱不堪，但是我眼裡有某種瘋狂的光芒，我在為生存奮鬥。我的袋子是槍套，裡面是手槍，不是膿血和糞便，我會迅速拔槍，瞄準—砰—開槍，擊中斯隆凱特林。

5.2B

我的內科醫師凱茲醫師和我認識二十年了，他從未到病人家裡探視過，所以當他忽然出現在我門口時，我真的嚇了一跳。他看了我一眼，說我至少掉了三十磅，他非常擔心，堅持要我回到梅約診所或去紐約的貝斯以色列（Beth Israel）醫學中心，他和後者有合作關係。

在貝斯以色列，我見到卡羅斯醫師，一個非常瘦的男人，來自美國中西部。他看來嚴肅，但很關心病人，說話也都能切中要點。但他太瘦了，有點不太像男人，因此使骨盆腔檢查感覺不那麼受到侵犯。

這是手術後第一次骨盆腔檢查，我很緊張，非常緊張，而他很溫和。我簡直無法想像那裡看起來是什麼樣子，然後他讓薩皮羅醫師進來會診。他們都是凱茲醫師的朋友，我喜歡他們，他們說話的時候會看著我。薩皮羅醫師列出他建議的治療方向，他說我體內現在已經沒有癌細胞了，治療是預防性的，這是好事情。他說這種癌症長得很快，所以需要即早開始，希望到了週末我的膿瘡感染能夠消失。他說他們還在考慮要把我當做三B期或四B期的癌症病患治療。

這些話幾乎害我從椅子上跌下來。第三或第四期的癌症？我？

他們打破了我的規則，不可以這樣分類，我痛恨分類。這條規則要追溯到我五年級時，大人們決定在我們那個上流階級的郊區中學裡施行一套政策，將聰明有信心的孩子，將來會上常春藤大學、當公司總裁的；和哀傷、緩慢、有需求的孩子區分開來。總共有五組：5.0，5.1，5.2 B，5.2 G。最高級是5.0。

我記得我們收到分類通知的那一天，我的卡片上寫著5.2 B（B代表「藍色」，blue，但是我一直想到「壞」，bad）的紅色大字。彷彿教育當局為我貼上了終身的標籤——「愚笨」。很多字和「愚笨」同義：不聰明、不會用腦筋、輕率、欠考慮、急躁、莽撞、不顧後果、缺乏判斷等。這些字眼都不太糟糕，這些字眼都不像「愚笨」這麼傷人。「你為什麼做那種事？實在是太輕率了。」輕率聽起來滿溫和的，可是「愚笨」不是，「愚笨」是一個會跟著你一輩子的字眼，它會進入你的血液和生命，進入你的細胞。這是一個充滿暴力的字眼，災難性的字眼，污名，貼在身上的標籤。可悲的是，這也是我父親最愛用在我身上的字——愚笨。伊芙很笨，愚笨的伊芙，妳怎麼會這麼笨？我怎麼會生了個這麼笨的女兒？妳還能更笨嗎？

我這一生所做的事情都在證明我不笨，我讓自己多次陷入危險就只是為了證明我不笨，其實這才真的是有夠笨。我曾經假裝自己讀過我沒讀過的書，知道我不知道的事，即使我想知道答案，我也從來不問問題，因為問問題代表你很笨，為了證明我不笨，我更加強化了我的愚蠢。

最糟糕的一組就是5.2 B，我們沒有過動症，也沒有語言障礙或學習障礙。那些生理上有困難的孩子是5.2 G（G代表金色，gold），我猜金色是為了讓他們覺得自己很特別吧！他們的問題都不是自找的，而5.2 B則是錯誤的孩子，肥胖、有很多粉刺、憂鬱、過度內向、行為異常、髒髒的、頭髮油油的女孩，有攻擊性的邪惡男孩。

5.2 B是我的監獄，以某個角度而言，我一直沒有逃離。無論我讀了或寫了多少書，無論我得到多少獎項，我永遠都是5.2 B。現在薩皮羅醫師給了我一張新的成績單，新的分類，新的B（B代表最底層，bottom）。

第零期：只有子宮內膜的表面發現異常細胞，醫師可能稱之為原位癌。再一次的，零是最好的位置。

第一期：腫瘤長大，穿過子宮表層到了子宮內膜，可能已經侵入子宮肌層。

第二期：腫瘤已經侵入子宮頸。

第三A期：腫瘤蔓延到子宮最外層、外圍組織或腹膜。

第三B期：腫瘤蔓延到陰道。

第三C期：腫瘤蔓延到子宮附近的淋巴結。

第四A期：腫瘤侵入膀胱和腸壁。

第四B期：腫瘤蔓延超過骨盆腔，包括腹部和鼠蹊部的淋巴結。

第三期腫瘤有六〇％的五年存活率。第四期腫瘤有一五％到二六％的五年存活率。

梅約診所的團隊比較照著書本來，他們說我是第四B期（我的鼠蹊部淋巴結有癌細胞）。貝斯以色列的團隊認為我是第三B期。無論是哪一個，又都是B，都是壞。

數據是一種非常無聊且殘酷的東西。第四B期癌症倖存者，強暴倖存者。可是我不是數據，我不想被人用分類或階級區分、判斷、忽視。你告訴別人你被強暴了，結果他們走掉了；告訴別人你沒錢了，結果他們不再打電話給你；告訴別人你無家可歸了，結果你變成隱形人；告訴別人你得了癌症，結果他們嚇壞了，他們不再打電話來，因為他們不知道要說什麼。

如果我們對自己的了解不是基於固定的標籤或階段，而是我們的行為、能力和改變自己的意願呢？如果我們擁抱人生中的髒亂、演化、驚訝、失控的一切，接受這些事實和死亡的距離與關係呢？如果我們不是害怕死亡害怕到提都不能提的話，如果我們將整個人生視為準備面對死亡的過程呢？如果有人教我們去思考死亡，沉思、討論、進入、排演、嘗試死亡呢？

如果我們生命的珍貴到了某一個時候就失效呢？如果我們保持距離看待生命，發現一切都毫無保證呢？如果當你生病時，你不是到了某一期，而是整個過程的一部分呢？如果癌症就像心碎、得到新的工作、上學一樣，都是人生導師呢？如果我們不將癌症病人當成化外之民，用某些專業名詞將之分類，而是將他們視為正在轉變的人——因為這個經驗而深刻了靈魂、打開了心房，並一直支持他們，讓他們一直保持是社區的一分子呢？如果這一切，身邊的人都打開心房、深化與覺醒的時刻，是我們一直等待著的呢？如果這才是我們存在的意義呢？而不是不斷獲得、競爭、消費，把別人標上第四期或5.2 B的標籤？

我的腦子不斷的轉，薩皮羅醫師還在說話。我打斷他：「如果癌細胞都切除了，有必要做化療嗎？」

他說出公式化的回應：「只要有一個癌細胞就要化療。」

總有某個癌細胞躲在哪裡吧？化療怎麼知道如何消滅每一個壞細胞，除非它消滅每一個細胞？如果它消滅了每一個細胞，那我還能夠活著嗎？

輸液套房

見過卡羅斯醫師和薩皮羅醫師之後，我去參觀了化療病房，也稱為輸液套房。聽起來像某種高檔醫美或芳療中心，但可惜不是。這裡充滿了老人、病人、禿頭的人、將死之人，而現在我也是其中之一了。我不要當他們之中的一員，我試著不要盯著別人看。在那裡，有些人在讀書，有些人在吃東西，有些人在發呆，有些人在打盹。

有毒的管子把有毒的佳鉑帝、紫杉醇、服樂癌或阿黴素輸送進他們的血液裡。這些人看起來特別寂寞，而讓我最受打擊的便是他們那種安靜哀傷的投降，一個一個被隔離在自己的小沙發裡蓋著小毯子，毫不抗議，直到終點。

我想尖叫：「哈囉！我看到你了，我們需要說說話，我們可以抗拒，我們一起共患難。」

我覺得這就是像在高中的時候，我試著將所有不受歡迎的女孩們團結起來。我打電話給琳達和派姬，請她們到我家來玩，我說：「女孩們，承認吧！我們不受歡迎。我們來組織我們自己的團體，我們要拿回屬於我們的權力。」（我不確定我到底說了什麼，但是我確實有此計畫。）不過計畫失敗，琳達和派姬非常反社會，這正是她們不受歡迎的原因。她們完全無意創造什麼不受歡迎的女孩革命，她們只想在惡毒的高中生活中存活下來、成長、變成別人，如此而已。她們根本不想跟我做朋友。

護士蕾基娜對我自我介紹，吐司和璐開始寫筆記。

「我們建議妳裝人工血管，就是在妳的胸部皮膚底下裝一個鋼製的東西，讓我們可以將化療藥物直接注射進去，這樣就可以防止妳的靜脈燒灼癱瘓。每次注射需要五小時，我們會仔細照顧妳的。」

我問：「曾經出錯過嗎？有人曾經有過很糟的反應嗎？」

「一開始的時候我們會很仔細的觀察，看妳的身體有何反應。如果有任何問題，我們立刻停止。」

「但是如果已經注射進身體裡面，結果出了錯，要如何阻止藥物殺死我呢？」

「沒人在這裡死掉過。」

她不了解我，她不了解我的身體無法接受這些東西，我會是第一個死在他們手上的病人，他們將再也無法告訴大家沒人死在這裡了。我會毀了他們的紀錄，然後他們必須說：「是的，有一個人，一個劇作家死了，第一次注射幾分鐘之內就死了。她的身體無法適應這些有毒藥物，奇怪的是她自己知道，她感覺到了，但是她沒有聽從她的直覺，真可惜。」

藝術與工藝

在將身體養壯以便做化療的那些日子裡，我不知道為什麼我想要水彩和粉蠟筆。藝術和工藝就像音樂一樣，一直是我的惡夢，我完全沒有這方面的才華，然而現在我竟然渴望藝術，連我自己都感到意外。我想畫畫，就像我渴望吃漢堡一樣，慾望從被掩埋遺忘的某處升起，細胞的重組鬆動了這個慾望，我只知道我需要畫畫，我需要有人來我家陪我畫畫。

我最後一次接觸藝術和工藝是很多年前了，那時雷根還是美國總統，他宣稱美國可以打贏核子戰爭。我和一群女性社會運動者在內華達沙漠裡的核子試驗場，我們是全美重大行動的一部分，打算占領並強迫核子試驗場停工。我們是一小群游擊隊，名叫「匿名和平女戰士」（Anonymous Women for Peace），我們採取自發性的行動，例如耶誕節的時候將警告貼紙貼在戰爭玩具和塑膠士兵身上；穿戴成自由女神在紐約公共圖書館前面階梯上發傳單，反對核武進入史泰登島，一站就是好幾天。

我們常常被逮捕、在東西上面潑血、把自己綁在欄杆上、在市立公園組織和平露營。我們都是曼哈頓和布魯克林的女孩，完全沒有架帳篷的經驗，在內華達沙漠的第一晚，我們嘗試架帳篷，但最後放棄了，決定將睡袋直接放在地上，躲進去昏睡。我想我們一定披了滿頭滿身的輻射塵，還有會爬的東西，像是蛇或蠍子之類。

第二天早晨，我們計畫幾百個人進攻試驗場，愈深入愈好，然後靜坐。這是不合法的，而且非常危險。有人買了一堆白色紙盤，想用紙盤做面具，有個女人建議做雙面面具，計畫開始變得很複雜，面具的一面是我們走進試驗場時用的，寫著「我們有愛我們為地球而戰」；另一面則是警察來時用的，寫的是「戰士憤怒你們無法阻擋我們你他媽的混蛋」。一旦發生衝突時，我們就把面具翻過來。

我們有蠟筆和彩色筆，甚至有一些顏料，我的姊妹們顯然擅長藝術和工藝，而我覺得很丟臉，我簡直是癱瘓了。幾位比較有才華的姊妹插手幫我做面具，但我覺得自己作弊。我們進入試驗場，手挽著手，「我們有愛我們為地球而戰」的面具一路往前，忽然間有幾百位個子高大，穿著制服的內華達警察出現，墨鏡反光，手持警棍，巨大的腰帶上掛著幾百付白色塑膠手銬。我們根本沒時間把面具翻到「戰士憤怒你們無法阻擋我們你他媽的混蛋」的那一面便立刻被摔倒在地，很粗魯的上了手銬，拖到巨大的室外牢籠裡。他們讓我們在大太陽下待了一整天，然後讓我們上了巴士，在黑暗中還戴著手銬，開了好幾個小時的車，到了一個鳥不生蛋的某處，把我們丟在那裡。

多年後我在這裡，坐在我家餐桌旁，顏料和畫筆在手。來探望我的人都嚇了一跳，不知要說些什麼。我會立刻請他們和我一起畫畫，這簡直太有用了！畫畫對他們造成的創傷大概比癌症更嚴重，我發現我並非唯一在小學三年級就被美勞打敗的人，他們一開始會抱怨、拖延、害怕，但是最後都會很投入。我開始愛上這種新的溝通方式，我的朋友坐在我身邊，我們一起畫畫，安靜和諧，我們成為孩子。

大家開始畫我治療的過程，呃，是我請他們畫這個。我把圖畫掛在牆上成為彩色旗幟，慶祝我即將造訪治療旅程上的各個新國度。我還是很虛弱，一想到化療就嚇個半死，我試著不把我的膿瘡解釋為我的身體拒絕化療。我需要朋友和家人，我需要他們的意見、諷刺挖苦和圖畫。我的外甥女凱瑟琳畫了一張圖，上面都是我病好一點，沒有袋子之後可以吃的食物。大家畫了各種轉化的東西：蝴蝶、佛祖、風景。在我畫的第一張圖裡，我一個人在汪洋中的小船上，天上有暴風雨的烏雲。波娃畫了一張我的畫像，沒有臉。不知為什麼，這張圖畫讓我放鬆，因為我的身形還在，只是我的新身分尚未出現。金姆畫了宇宙的療癒曼陀羅，很多很多層。

我的孫女可可和我一起畫畫，藉這個機會，她開始消化她布比（Bubbe，猶太人的祖母）逐漸衰弱的可怕狀態，可可大約是我擁有過最接近完美的關係了，自從她從她美麗的伊朗愛爾蘭混血的母親西娃身體裡蹦出來，滑進我的手臂裡的那一刻開始，我們就在一起。不是那麼的融為一體，而是親近，我們的世界觀與能量都相似，一輩子都有連結。她像是女性版的我兒子，有他的眼睛和雀斑，但是她愛說話，即使還是小寶寶的時候，她就擁有調皮的幽默感。她想要一直玩一直玩，永遠不要去睡覺。她喜愛關於人的一切，於是研究他們，試探他們。我們兩個有密語和故事，有一次，她跟我說我是她的人而她是我的人。

她現在十三歲了，我知道她不想長大——幾乎就像我從前那樣不想長大。我們在一起的時候就變成小孩子，我害怕疾病將我們分開，疾病讓我蒼老，我好害怕，怕我是那個把死亡、失落和黑暗帶進她生命中的人。我會變成她的無憂無慮終結之處，我會變成負面的布比。可是一開始的時候事情並非如此，她會爬到我瘦弱的身體上，我還是她的布比。她不怕我，只怕我身上掛著的那些裝置。

可可和我花了一天時間畫畫、唸故事書，她放新的音樂給我聽，給我看她臉書上的朋友照片。我很累，尚未完全消失的感染，使我變得更虛弱，但是我逼自己忽視，我要可可看到我很強壯，我要為了她好好的。更多人來了：跟我母親長得一模一樣的外甥女凱瑟琳、每個人都誤以為是我弟弟的詹姆斯。這時我的表演技巧沒用了，我的身體無法離開沙發，我的臉開始發綠。這時，他們打電話給我妹妹。

璐到的時候我正在發高燒，我正在快速消失。她立刻進入璐的一貫行動模式：打電話給醫師、安排車子、帶我去急診室。他們扶我走出門時我可以聽到可可在哭，西娃試圖安撫她，但是可可止不住的哭泣。我忽然明白了，為什麼最好不要參加自己的喪禮。

有樹的房間

整個晚上大部分的時間我都在貝斯以色列的急診室，還有璐、吐司、凱瑟琳和我的外甥女漢娜。我們等待，周圍都是火爆的爭吵、流血的刀傷、早產和嚴重的用藥過量。大約半夜三點，我被推進病房，那一層很吵，璐坐在病床旁邊，椅子看起來很不舒服，她整夜斷斷續續的打盹。我看著她睡。她為什麼在這裡？是什麼變了？

大約到了早上五點，我忽然明白了，她在這裡是因為她可以在這裡。這些年來她被迫看著我虐待自己卻完全無法使力，無力感讓她覺得無計可施。但現在她可以為我而戰，現在她可以幫助我，她可以當我最勇猛的代言人，最強壯的保護者。這一直是我的夢想，她為我站出來，她會表現她的愛，她會說她在乎我。

早上我病得很嚴重，無法進食，暈眩想吐，完全的累壞了，我真的懷疑這個感染是否會有消失的一天。吐司帶著可可和西娃一早就來了，可可爬上病床抱著我，我想她只是要確定我還在呼吸。璐聽說醫院有一個新的區域，可可和她去察看，她們回來的時候很興奮，因為我過幾天就要過生日了，而那個新區域很安靜，我可以在那裡慶生，我在那裡會痊癒，那裡的護士看起來非常和善。一開始我抗議不要住單人房，但是我妹妹堅持，說我母親想要付帳單。我很確定妹妹在胡說，但是想到我母親想要照顧我，無論是用什麼方式都是奇蹟，於是我接受了。

我必須承認我這輩子都夢想要住院，我想在額頭上敷著小毛巾，有人替我換尿盆，一張張和氣寵愛的臉擔心的看著我。醫院是我許多白日夢和性幻想的最佳場所：照顧我的醫師忽然誘惑我，他們對我的照顧忽然變成被我吸引，無法自制，或是護士幫我量體溫時忍不住開始和我親熱。我知道有人痛恨醫院，但我可不是其中之一，當我的腦子燃燒殆盡，無法想像自己能夠繼續前進時，我就想像乾乾淨淨的病房裡灑落陽光，有愛心的醫療人員們穿著漿挺的制服。現在莫名其妙的，我的夢想成真了。

這個房間正是我的夢想，乾淨美麗，所有的機器都在，也很有人性，有張沙發，拉出來就可以睡，有個小廚房，病床前面就是窗戶，不過我沒料到的是窗外有一棵樹。我太虛弱了，以至於我無法思考、寫作、打電話或看電影，我只能看著這棵樹，這是我的視線裡唯一的東西。一開始我很惱火，覺得自己會因為無聊而瘋掉，但是過了頭幾天，經過無數小時之後，我開始看到了這棵樹。

星期二，我看著樹幹沉思；星期五，綠葉在下午的陽光中閃閃發亮。有好幾個小時，我自己、我的身體、我的存在都融入了這棵樹。

我在美國長大，所有的價值都在未來裡、在夢想裡、在製造中。沒有現在式，現在與當下都沒有價值，價值只在於如何將現有的一切變成什麼、操弄出什麼來，我的價值當然也是如此。我沒有與生俱來的價值，如果沒有工作或努力，沒有讓自己變得重要，沒有證明我的價值，我便沒有權利或藉口存在。生命本身不重要，除非它能夠成就什麼，除非樹可以變成木頭，變成房子，變成桌子，否則樹還有什麼價值呢？

我躺在病床上看著樹，進入樹，發現樹與生俱來的綠色生命，這是一種覺醒。每天早上我睜開眼睛，等不及的想專心看著樹。我讓這棵樹帶著我，每天它都不一樣，要看光線、風或雨而定。這棵樹是滋養和治療，大師和教育。

我二十二歲的時候曾信誓旦旦的說：「我再也不要看到樹了。」當時我正在公路上飆車，離開綠意蔥籠的佛蒙特山坡往曼哈頓前進。我想我說了：「去他媽的樹。」我再也不要看到他媽的任何一棵樹了。這是玩笑話，卻也不是玩笑話，我痛恨樹，樹意味著小城鎮、狹小的思考、孤立和閒言閒語、又長又冷的冬天、無止盡的吞噬人的綠色地平線、滑雪勝地和沒內容的閒聊、家庭和嬰兒、婚姻和生活，樹和生命息息相關。那天，我開車離開森林、山丘、藍天和夜晚的星辰，進入了水泥、夜店、黑社會殺手、一夜情、說不出的絕望、喝不完的琴酒和波本酒。我的生命不再有早晨，更別提樹了。而我現在看清楚了，我那時多麼渴望死亡，或者說我多麼不想帶著內在的痛苦繼續活下去。

一位團體治療師曾說，如果你想了解你和自己母親的關係，就看看你和團體的關係如何。但是我說：「看看你和大地的關係如何。」大地對我而言很恐怖，我與它完全分開，陌生，我想我是太渴望它了，於是不再要它。

病房外的這棵樹讓我回想到其他的樹，我看過卻視而不見的樹，愛過卻漠不關心的樹：在紐約州的斯卡司戴爾（Scarsdale），我的車道尾端有一棵垂柳，秋天時瘋狂的墜落一地閃亮亮的柔軟白色柳絮；克羅埃西亞海邊的大松樹，夏末的樹幹上全是喧嚷不停的蟬；肯亞大草原中央，一棵寂寞孤單的樹，我和一位戴著很多珠子的馬賽母親第一次一起坐在樹下，她不再遵循傳統，不為女兒行陰唇割禮，高興得一直打我的手臂；在阿富汗首都喀布爾的一棵老樹被叛軍砍下來燒了，只剩下樹椿。公園的看守員，一個滿臉皺紋的老人，講到這棵上百年的古樹被某些瘋狂男人砍來當幾個晚上的柴火時，他哭了。

我和我的樹以及我親愛的朋友MC安靜的相處了幾天，她是我在巴黎的鄰居，來醫院陪我。她是比利時人，是我認識最安靜的人，她的安靜對我來說是新的嘗試，就像那棵樹一樣，一開始讓人苦惱，但是慢慢的變得非常美好。她存在著，我不需要做任何事：無須解釋、娛樂或理解，她沒有任何要求，她沒有侵入我疾病的界限。一個星期，安靜，陪伴，樹。

又照了一次掃描，醫師決定不要動那根管子，他們相信感染會自動消失。貝斯以色列的醫療方式比較細緻，主要是因為他們看起來比較有時間。癌症專家來看我，我的病房舉行了不得了的生日聚會，感覺像是哈瑞奎師那運動（Hare Krishna）的聚會景象。德瑞克做了治療儀式，幾位女性朋友和吐司往我身上撒玫瑰花瓣和精油，大家吟唱，璐試著忍受這一切，翻著白眼，一分鐘都不想再待。用巴西雅做的紅色藜麥（quinoa，一種穀類植物）吃起來像是加了甜菜的血色泥土，還有個很棒的蛋糕，有很多禮物，大部分是柔軟的彩色睡衣和睡袍。這是個神祕的聚會，在這個

奇妙的房間裡還有那棵樹，我的樹。不是說我擁有它，我毫無占有它的慾望，但是它已經成為我的朋友，我的連結點，沉思的對象，我活著的新意義。我停止寫作、製作任何東西、打電話或讓任何事情發生（好啦，我是有每天打電話到剛果去），我沒有做出任何貢獻，就只是欣賞樹，我愛它的綠，我喜歡它的樹幹和樹皮，我為每一根樹枝歡慶。五月，樹上開始開出柔細的白花，我為此感到無比開心。

剃光頭

在印度，很多印度教徒會剃光頭，似乎比其他種類的剃光頭更具有宗教儀式的意味。

一開始我以為我們會有剃光頭的[illegible]我可以邀請所有的朋友，然後我會吟誦四弘誓願。我想像自己彎腰鞠躬、謙卑[illegible]，除去塵世一切。但是這整個計畫顯得太超過了，一點也不謙卑。我的朋友桑[illegible]理一顆光頭，看起來超酷的，她告訴我她在第十大道的義大利髮型師只收十二美[illegible]聽起來很簡單，於是我跟吐司、寶拉、桑雅和桑雅的愛人克萊兒一起去了這間老式紐約理髮店。一大群義大利男人討論我的頭髮，其中兩位覺得奇怪，為什麼我要全部剃掉呢？而另一位體格非常棒、非常性感、身上有刺青、剃光頭的男人則一直說：「剃掉。」

我沒告訴他們我得了癌症別無選擇，不想半夜醒來發現自己像《絲客伍》裡（Silkwood，一個講核意外的電影）核災的受害者一樣，頭髮一撮一撮的掉下來，頭皮一塊一塊的禿了。我沒說我是從我熟悉的髮型被強迫驅離的，也沒說齊瀏海和露易絲·布魯克斯（Louise Brooks）明星式的短髮才是我。我說我花了一輩子的時間才找到這個適合我的髮型，我發過誓絕不改變髮型。我也不說我十歲的時候班上

男生剝掉我的衣服，叫我「海藻頭」，只因為我的頭髮又細又油又沒有型，頭髮一團糟比在班上同學面前半裸還痛苦。

我真的篤定說出「剃光」之前，安東尼奧已經站在我身後，拿著聲音很吵的電剪，離我的頭髮非常近。我從來沒想他會從我的瀏海開始——界限、帷幕、面罩，一分鐘不到全剃光了。染成黑色的頭髮落在地板上看起來像小動物，我看著寶拉幫地上的頭髮照相。

有些人認為我剃光頭看起來很性感，有些人說我看起來像男孩，他們覺得很吸引人，有些人看出我病了，這根本不是髮型。許多人覺得我看起來像女同志。我覺得曝露、存在、謙卑、乾淨。我不需要整理我的頭髮。這不是我，我忽然變成一張臉，只有一張臉。

安裝人工血管

把任何異物放進我的身體裡都讓我覺得古怪，非常超乎自然，但是不痛，在貝斯以色列，他們很小心。我完全清醒，可以感覺到刀子切進我的皮膚，在鎖骨下面幫我的人工血管準備一個小小的口袋。人工血管、人工血管，整個星期我都在說這個字眼。

「星期五，我要裝人工血管了。」

「這個星期他們要裝人工血管了。」

人工血管會讓化療容易一些，一個像是項鏈墜子似的鋼製物放在皮膚底下，活在我的身體裡面。它有條尾巴，是一根管子，化療藥物就從這裡流進我的身體，因為紫杉醇和佳鉑帝可能讓真正的血管坍塌燒灼。反正我的靜脈很難找，經過好幾星期的戳來戳去、拍來拍去，誰會怪他們呢？人工血管消除了再度尋找靜脈的焦慮，他們可以把針頭直接插到人工血管裡。

當我想到「人工血管」（port，也有「港口」之意），我便想到「水」，想到「海洋」，想到「夏天」，想到「海港」，想到「船」和「貨運」，還有「離開」。有意思，我不會想到「抵達」。

自從鋼製的人工血管放進我的身體裡以後，我知道我被帶到了某處，我是裝了人工血管的旅客。人工血管的位置固定，化學藥物可以從這裡進入我的身體。我一直摸它，一開始有點可怕，突起的一塊，我真的可以感覺到鼓起來的一塊鋼。後來我開始喜歡它了，它變成我的護身符和武器，我在聚餐時給大家看，尤其是那些擁有很多特權卻不知感恩的人，他們嚇壞了，於是停止抱怨，至少不敢再對我無病呻吟。皮膚底下有個硬的異物使你與眾不同，別人只有肉身，它卻給你神秘力量得以進入一個新世界，這個世界裡沒有國家或疆界，生命就這樣發生，死亡極為接近，唯一的港口就是我們胸膛裡隨身帶著的人工血管。

化療不是針對你

開始化療的前一天，璐給了我一個驚喜：她送我一張很大、可以掛在牆上的拳王阿里照片，就是他在金夏沙擊倒福爾曼的那一刻。在這張幾乎不可能拍到的照片裡，時間似乎停止了——阿里站著，福爾曼倒在地上。阿里已經贏了，但打動你的不是勝利的榮耀，而是他臉上的震驚和奮鬥的蹣跚步伐。很明顯的，這張照片抓住了阿里發現自己成為冠軍之前的一秒鐘，你可以想像下一刻他會跳來跳去，舉起手套吹噓慶祝，但是在照片裡，他看起來呆滯空虛。吐司和我把照片掛在牆上，成為視覺上的祈禱文，接下來的幾個月，我每天走到照片前好幾次。阿里就是我，福爾曼就是我的癌症。

我看著吐司把我的化療藥物放進新的紫色藥盒裡，他正在分配藥丸，好像在分配糖果一樣，動作完美精確。星期一：止敏吐、樞復寧、布洛芬；星期二：止敏吐、樞復寧……我想親吻他。

然後，蘇到了，她很多年前曾經是我的諮商師，我們諮商結束後還是朋友，偶爾一起在素食餐廳吃飯，討論死亡和創傷。每當焦慮無法忍受，或需要有人提醒自我厭惡其實是大量的憤怒時，我會打電話給她。她從朋友那邊聽說我得了癌症，決定為我提供免費諮商做為禮物，我簡直無法相信。我可以看得出來，她看到我極為震驚，因為我非常的瘦，連站都站不穩，頭髮也剃光了。我們坐在沙發上，阿里在我們背後的牆上。

我當時試了好幾位諮商師才終於找到蘇，我第一次見她是婚姻即將破裂的時候，那時我剛從德國回來，柏林圍牆剛剛倒塌。在德國的第一個晚上，我做了一個很糟糕的惡夢，我父親正在用異物強暴我，而我母親冷靜的看著，我尖叫著醒來。我已經在紐約市看過兩位諮商師了，兩位諮商師都告訴我，這就像佛洛依德說的，我和我父親之間發生過的事情都是我的幻想。蘇是第一個不害怕我的回憶的人，我告訴她我的夢境，她說：「伊芙，這可能只是一個夢，但有時候夢也是回憶，我感覺到妳以前被嚴重侵犯，我想我可以協助妳。」

蘇是一位心靈的外科醫師，把身體感官和記憶的碎片縫合起來。她從來沒有來過我家，我也從來沒想過她會坐在我的沙發上。諮商師應該只出現在辦公室裡。

她說：「告訴我所有的事。」

我開始哭：「我病得很嚴重，動了一個大手術，然後受到感染。現在他們要開始給我下毒了。我不覺得我可以做化療，我不太習慣有東西在我身體裡。這就是為什麼我在雨林中沒有嘗試死藤水（ayahuasca，南美原住民用在宗教及醫療上的植物飲料，據說喝了可以通靈），我知道我會在薩滿和長老面前丟臉。我不太會吐，我永遠不會得貪食症（貪食症患者吃了之後會去催吐）。」我提醒她，我有幽閉恐懼症。

蘇告訴我，她一直不明白我之前怎麼可能不生病？她又說，她知道無論發生什麼事，我都會活下來，因為我是她看過最有韌性的人。有意思，她說這些話的時候，我的感覺不同了，可能是因為我知道她了解我有多麼脆弱，然後她說，自從她聽說我得了癌症之後，她就在想，我父親如何虐待我。

我說：「我也是。」

她說：「我覺得我們沒有花足夠時間談他虐待妳的部分。」

這讓我想到化療在我體內虐待我，我告訴她我很害怕身體裡有毒藥，然後她把我給她的資訊丟還給我，但是用了天才般的轉化——這就是蘇，她使我看待事情的角度忽然改變了，我的恐懼症立刻解決。這次，她讓我重新塑造對整個化療經驗的認知。

她說：「化療不是針對妳，是針對癌症，針對過去所有對妳犯下的罪惡，針對妳父親，針對強暴者，針對迫害者。妳現在給他們下毒，他們再也不會回來了。化療會消滅別人投射到妳身上的壞東西，這些壞東西從來不是妳自己的。我對妳的韌性有完全的信心。妳的身體和靈魂具有神奇的治療力量。妳的任務就是歡迎化療，它是個有同理心的戰士，它是來拯救妳的，殺死跑到妳身體裡面的迫害者。妳有很多個身體，新的身體會經由這個充滿愛與關懷的轉化階段而誕生。當妳覺得暈眩想吐或很難過的時候，就想像化療正在努力的為妳戰鬥，為所有女人的身體戰鬥，重新建構完整、純真、和平的世界。歡迎化療，它是個有同理心的戰士。」

心智大躍進，心智大轉變，我想到雨林，我覺得我好像走進薩滿稱之為「心智死亡的前線」。兩分鐘前還覺得很恐怖、不可能的事情忽然變成我最需要的事了。我想，對，化療是治療我的藥物，我會像是騎獅子似的充滿勇氣，我會讓化療在我體內做它該做的事情。我知道無論發生什麼，都有其必要。

多羅菩薩、時母和蘇

化療開始的前一天，我坐在床上抱著柔軟多彩的粉紅披肩，這是派特送的禮物。我像在撫摸寵物似的一直摸它，一邊重複說著蘇的話：「化療是針對癌症、迫害者、強暴者，不是針對妳。化療是針對癌症、迫害者……」

我發現自己站起來慢慢走到屋子中間，對著掛了古董金色沙麗窗簾的窗戶仔細的把粉紅色披肩攤在地板上，就像在沙灘上準備野餐。我走回臥房，面對多羅菩薩的雕像，多羅菩薩是佛教所有菩薩之母，具有女人身。多羅菩薩救苦救難，抵擋危險、恐懼、惡靈……或許也會抵擋癌症。從佛祖心中誕生的多羅菩薩。

我將多羅菩薩抱在懷中，我的心跳加速，因為祂很重而我很虛弱，我應該等別人幫我，但是我等不及了。我把祂從房間裡拿過來，放在粉紅布上。多羅菩薩，我現在需要祢，我需要祢在這個地方、這個房間的核心。我放下祂，把粉紅色的布集中堆在祂的腳下做了個小神壇，我找到一塊藍綠色的石頭，一塊勳章和一堆漂亮的小東西，都是朋友給我，讓我心情好一點的東西。這些就是我的祭禮了。

我花了一輩子的時間建築神壇——對無神論者而言，真夠奇怪了。我還記得幾乎二十年前，我在西藏拉薩大昭寺的屋頂上，往下看著祈禱的人們，他們從各地來，在寺廟前五體投地，有些人的膝蓋上綁了小塊毯子，有些人沒有。我站了好幾個小時，看到出神，信徒們雙手頂著額頭、喉部、心臟，跪下去，趴平了，半跪，站起身，雙手頂著額頭、喉部、心臟，跪下去，趴平了。

我很想做這個祈禱儀式，跳這個祈禱之舞，但在意識層面我卻不肯承認。在我抱起多羅菩薩以前，我覺得太丟臉了，我太前衛、太女性主義，無法在任何人或任何東西前五體投地，我太憤怒、太強勢、太自主、太憤世嫉俗。

現在，我的「自我」枯竭了，我不知道我要如何活下去，我需要力量和指引來走過化療的叢林、幽暗狹窄的毀滅之旅、強烈的嘔吐、六次治療、麻痺、感染、死亡。五體投地——讓身體充滿敬畏、臣服、投降。在許多信仰中，五體投地代表放棄自我，但在西藏佛教裡，他們做十萬個五體投地來放下驕傲，而伊斯蘭教的信徒甚至相信五體投地可以治百病。

我收到幾百張卡片、信函和電子郵件，全都寫著同一件事情：「妳一定會康復，妳有大自然的力量，沒有任何事情可以阻止妳，妳會打敗癌症，伊芙。妳是戰士。」我知道大家試著支持我，想讓我感覺自己很強壯，但有時候反而讓我焦慮。

如果大家說的不是真的呢？如果我無法打敗癌症呢？或者，復原與否根本完全與我無關？如果好不起來，我就失敗了嗎？或是大自然的力量根本沒用？就像紐約颶風一樣，你在門窗上用寬膠帶貼了大大的叉叉，颶風卻根本沒有來。如果努力奮鬥也沒用呢？我是說，你要如何打敗自己的基因？

我想起蘇說的燃燒和死亡，我知道我還需要時母，幾個星期前，波娃從印度為我買了一張時母的圖像。時母，我把祂放在祂的姊妹多羅菩薩旁。時母，燃燒吧！燃燒吧！讓新的身體誕生，把我帶到神聖的毀滅與死亡的核心去，讓我承受祢的烈焰而活下來，讓我把無用的東西都丟進祢的火焰裡融化它們，創造新的、完整的給我。燒掉那些不斷分裂的癌細胞，燒掉製造分離和撕裂的那個我，燒掉那些故事，燒掉我的輕蔑和自憐，燒掉我不斷超越自己，也不斷超越別人的手段。多羅菩薩，打開我的心，讓我和所有痛苦的人們合而為一。

最重要的是，請拿走我的恐懼，拜託，請為這個過程加點樂趣。我不知道為什麼我會得癌症，為什麼我的腫瘤有芒果那麼大，而且還侵入、蔓延、穿透了腸壁。我不知道為什麼我會是第三B期，其實是第四期。

請祢把它拿走，我需要祢的洞見和慈悲，讓我在祢的祭壇前五體投地，多羅菩薩、時母和蘇。祈禱的手頂著額頭、喉部、心臟，站著，跪下去，趴平了。平平的，平平的，壓下去，壓下去，愈接近地面愈好。

團體化療

一大群人陪我到了輸液套房：吐司、璐、寶拉、黛安娜、派特和波娃，好像在做團體化療，人太多了，椅子不夠，我們太惹人注目，於是吐司安排大家輪班，之後所有的化療都遵守這個模式，豐富得令人尷尬。親愛的黛安娜總是第一個到，穿著發亮的豔麗裙子，整間輸液套房變成轉來轉去的馬戲團。豐樂敏開始發揮效用時，我的腿非常不舒服，而她會幫我揉腳。派特總是同時在做兩件事情，或是在兩群人之間轉來轉去，但總是會帶禮物給我，讓我和世界保持連結。寶拉無法安靜下來，彷彿她的生命中每天都有人死於癌症一般。波娃從附近的店裡買來最好吃的以色列豆泥。我一面看著病友，一面將毒藥打進身體裡，一面大吃漢堡薯條，真是個奇怪的景象。吐司用智慧型手機管理我的生活，每天問我問題來讓我分心。每當我們覺得有絲毫不對勁，璐就去找護士來，她帶著我和我的點滴去上廁所，還幫我蓋被子。

現在還有機會退出，理論上癌細胞都拿掉了，我不需要這些毒藥，這是過度醫療。我看到吐司和璐互看一眼，他們引述「只需要一個壞細胞就完了」的故事。我想到那些只用果汁和改變飲食習慣就戰勝癌症的人，他們的演化比較進階。當護士正在為我的第一次化療做準備時，我想到最近看的一個關於協助自殺的紀錄片，影片裡的男人得了肌萎縮性脊髓側索硬化症（ALS，也就是俗稱的漸凍人），再過幾天就要無法吞嚥了。我一直重覆他喝下毒藥，慢慢死亡的那一段，過程極為溫和，幾乎可以說是放鬆。如果我因為化療而死的話，那可不會像那樣，幾分鐘內就會結束，窒息、綠色的有毒嘔吐物、痛苦扭曲。

戴安是從布朗克斯（Bronx，紐約的一個行政區）來的護士，說話粗魯。她感覺到我的恐懼和懷疑，便說了一個抗拒化療的故事（帶著布朗克斯口音）來嚇我：「有一個病人來這裡，整個胸部因為腫瘤的重量都垂了下來。她吞了一大堆含有維他命C的昂貴營養品，做了兩週化療之後，癌細胞萎縮了，開始消失。她告訴我：『妳看，戴安，維他命C終於開始生效了。』」

戴安實在是很好玩，好玩的人總是能讓我做任何事情。她的夥伴是蕾基娜，百分之百的護士，你如果看到她走過來，你會立刻自動把手臂伸出去。她們很和善，很有經驗，很了解化學藥劑和抗癌藥物，總是關心別人。黛比醫師和她對人的善意；繞過檢查桌的英俊醫師；凱茲醫師來我家看我，救了我一命；梅約診所的護士陪我散步、幫我洗澡，現在又有戴安和蕾基娜。

蕾基娜必須將一根很粗的針穿過我的胸前皮膚插進人工血管，剛刺下去的時候又深又痛，簡直刺穿了我的靈魂。我照著蘇的指示，不斷想著這是我的藥物，蕾基娜和戴安是我的藥物指導員。輸液套房裡沒有樹，沒有月亮和夜空，可是輸液套房是我的雨林。我頭上掛著一袋一袋的液體——豐樂敏和類固醇，這些藥物先進入我的身體，讓我的身體充滿腎上腺素心跳加速，我在飛翔，然後輪到紫杉醇。璐握住我的手，我深深吸氣，閉上眼睛。我祈禱、臣服，我邀請時母的魔力進入我。我想像液態的火沖刷我的肌肉、組織和血液。我看到它深入我的淋巴結、精細的纖維和細胞，我看到它深入到了我身體原型的網路，到了我體內哀傷、自我痛恨的痛苦分子。我請求時母讓我勇敢，我請求祂不要手下留情，帶我走完全程。忽然，我的臉像是著火了，蕾基娜來看了我一眼便把紫杉醇關掉，她說有時會這樣，身體在剛開始時受到過度刺激。不知為什麼，我喜歡這個燒灼感，我喜歡我通紅的臉，我是清醒的戰士，我知道時母在我體內發揮魔力了。我現在知道，我身邊的女人會領著我度過這個挑戰。

整個過程需要將近五小時，我會再做五次化療，每一次我都會閉上眼睛，感覺時母和她憤怒的液體；每一次，她會更深的侵入我、奴役我；每一次，我會看著病友們躺在他們舒服的躺椅上。多明尼加女人戴著美麗的帽子，漂亮的埃及女孩和照顧她的母親長得一模一樣，十二歲的黑人男孩戴著吵鬧的耳機，優雅的白種女人，她的丈夫總是在結束時來接她。有些人在打瞌睡，有些人在發呆，許多人都是自己一個人來。我會看著他們的臉，他們是我的族人，我會為我們每一個人默默祈禱，希望毒藥可以燒掉我們的疾病和絕望。我當然想活下去，但是此刻，我最想要的是和我的病友們在這條燃燒的河裡優游。

障礙，或樹如何拯救了我

第一次化療後三天都很好，沒有一點生理反應，我覺得有點詭異，可能是類固醇讓我充滿能量，我整天清理衣櫃到清晨兩點。或許是很有效的抗嘔吐劑卓弗蘭讓副作用減到了最低，但是到了第四天，化療開始在我體內發揮威力。一開始只有輕微的跡象，但幾分鐘內，身體的戰爭就爆發了。

化療可以殺死癌細胞，因為它可以阻止癌細胞分裂，細胞分裂愈快，摧毀細胞、消除腫瘤的希望便愈高。我已經沒有腫瘤或癌細胞了，而化療是在攻擊還有癌細胞的「可能性」，任何單獨存在、正在無恥的開始形成的細胞都會被殺死，或是自殺（稱為自我毀滅或細胞凋亡）。很幸運的是我的癌細胞分裂很迅速，化療對它們最為有效，但不幸的是，化療並不會分辨癌細胞和健康細胞，它攻擊長得最快的部位：血液、嘴巴、頭髮、腸胃。我的胃部和結腸已經因為幾個月的感染變得十分脆弱，因此到了第四天，我的下半身整個當機，結腸造口和周圍非常敏感，只要我一吃錯東西或甚至有一點點焦慮就會腫大，我就無法在腫脹的皮膚表面好好放置我的袋子，接著袋子便會掉下來或是破掉。

現在又有新的問題了。沒有任何事情發生，這就是問題所在。我的大便和我的身體完全靜止，雖然我還在呼吸，但我的身體彷彿被嚇到休克死亡了。我開始生病，病得非常嚴重，我想吐、暈眩、虛弱。我的乾女兒阿迪莎和我的外甥女凱薩琳自願來照顧她們的阿姨和乾媽一個週末。我不想讓她們擔心，所以盡量忽略我的不適，吃些比較不會讓我想吐的東西，但是這樣只會讓阻塞更嚴重。胃部在造口四周開始腫大，我感覺更糟了，嘔吐暈眩，直到清晨我發現自己倒在地上痛苦呻吟。我的袋子是空的。我立刻被送進醫院吊點滴，我身體內部嚴重阻塞——障礙、拒馬、路障。

我回到有樹的房間，這次我覺得寂寞哀傷，深深的哀傷。一部分的我不想妥協，不想前進。樹似乎在取笑我的自憐，我很憤怒，我累壞了，被我害怕變成凡人的恐懼打敗了。我已經走到身體的盡頭，身體裡的一切都停止了，即使是淚也流不出來。我昏了過去。

當我醒來，我的袋子滿滿的，生命再度流動，樹發揮了它的魔力。原來樹其實一直在我身體裡拯救我，後來我才知道，古老的紫杉樹樹皮裡有紫杉醇，是我使用的化療藥物之一。更棒的是紫杉醇是從紫杉的樹針提鍊出來的，所以不需要把樹砍掉。紫杉醇的功能是穩定細胞結構，使殺手細胞無法分裂複製。

是樹讓我安靜了下來，是樹保護了我，強化我的細胞結構讓它安全，不被攻擊。我終於找到了我的母親。

我是那個早該死掉的女孩，後來大麻拯救了我

感覺像是上輩子的事了，我在去學校的路上吸食大麻，記得當時我坐在小小的跑車裡，一名很高大的男人開著車，他的名字叫做W。等我到教室的時候已經一塌糊塗，到了第二堂就餓得不得了，只想吃點心。W是有名的運動明星的兒子，在三星期內，他和我一起從日益受重視的足球員（他）和過度熱情、有些迫切的啦啦隊員（我）變成了整天天旋地轉的毒蟲和嬉皮女人。這個轉變非常自然，我知道W喜歡我，他讓我想到《人與鼠》（*Of Mice and Men*，史坦貝克著名小說）裡的連尼，有著大大的手掌。我很高興每天早上搭他的車子，分享他的大麻。十六歲生日的時候他送我一個錫罐，裡面有三十公克的大麻和幾百顆黑炸彈（black beauty，安非他命的一種），讓我幾乎一整年都不用睡覺，不斷的說話、舔嘴唇。我用冰毒（speed）的效果比大麻好，但是會讓我很偏執，而我本來就已經很偏執了。

我吸大麻的時候會一直道歉，醉醺醺的，雖然我很抱歉但是我停不下來。我愛死了到學校的時候，踏出W酷到不行的車子，全身都是大麻菸味，墨鏡遮住我充滿血絲的雙眼，車內放著珍妮絲（Janis）或感恩死人（Grateful Dead，知名迷幻搖滾樂團）的音樂，我穿著破牛仔褲和半筒靴踉蹌的走到草地上。我根本不想在這裡，

我鄙視斯卡司戴爾，打從一開始我就是被排斥的人，永遠不夠漂亮、不夠有錢、不夠瘦，家裡房子不夠大，穿的衣服不夠漂亮，從來沒有真正的朋友。更正確的說，在六〇年代，毒品解放了我，我吸毒吸得暈頭轉向，什麼都不在乎了，但我現在明白那是治標不治本。藥物和酒精拯救了我，也開始摧毀我。從第一杯酒開始，我體內某些堅硬的、僵直的、緊張的東西放鬆了，我忽然變得很有趣、很好玩，派對上的開心果。

我變成那個狂野女孩，那個大家心裡覺得二十一歲之前就會死掉的女孩，永遠走在邊緣；半夜飆車手不握方向盤；當男孩都已經害怕的時候，故意挑戰他們，帶頭從採石場的邊緣往下跳；和比自己年長太多的男人在黑暗的夜店裡廝混，根本沒有人知道斯卡司戴爾還有這種地方。我和比利約會，他至少比我大七歲，是個海洛因上癮者。他有一輛哈雷機車，很酷的黑色夾克，他每天都來接我，我們下午都在他家，比利吸毒打盹，我則是吸了冰毒，不斷的說話。

我是那個不斷與人上床的女孩，性可以消除痛苦，而我幾乎隨時都在痛苦之中，我整個人生就是在管理自己的痛苦。法文會考前一晚，我吸海洛因，到了第二天還暈暈的，在考卷上畫了一個大大的黑叉叉。我在百貨公司為了朋友和那些我希望成為我的朋友的人偷了一大袋墨鏡，以提升我的人緣。

我是那個哀傷狂野的女孩，很明顯的，她是家裡發生了事情才會變成這樣。但是那個時代沒有人看得出來，或是根本不願意承認這種事情有可能發生。

我是那個離家出走的女孩，有一次，我父親發現我在跟貝絲．波斯特通電話。我那時很迷貝絲，她是最漂亮的金髮女孩（我一輩子都喜歡金髮女人），我父親氣得發瘋，電話還沒掛掉，他就侮辱我，用最難聽的話罵了我好幾個小時，用腰帶用力抽我的腿，抽到皮開肉綻，然後告訴我，他要把我送到不良少年的學校去，最後把我丟到地下室和狗一起睡。

我是那個半夜溜出家門的女孩，暗夜裡走了好幾哩路到斯卡司戴爾的另一邊，經常躲進樹叢中，不讓警車看到我，溜進好朋友吉妮的屋子，爬上閣樓臥室，氣喘吁吁的把她吵醒。

我是那個每週溜出去和W以及他的嬉皮朋友到曼哈頓的菲魔東聽葛莉絲．斯利（Grace Slick）或蒂娜．特納（Tina Turner）演唱的女孩（椅子底下至少藏了五百克大麻），任何事情我都敢做。

我是那個從來不想後果的狂野女孩，我十七歲，父母不在城裡的時候，我會從紐約飛到加州柏克萊和古柯鹼藥頭吉米會面。我花兩天試用古柯鹼，吸太多了，根本無法分辨兩批貨的差別，我只記得吃了沾熱奶油、煮熟了的朝鮮薊。我帶著五百克精純的古柯鹼（價值一千美元）放在比利黑色夾克的口袋裡，他把夾克借我，給我勇氣。想像一下口袋裡有五百克古柯鹼，卻想通過現在這種安檢。

我是那個想自殺的女孩，為了離開斯卡司戴爾，什麼極端的事都做得出來。為了離開這個白人中產階級社會小鎮、沉悶的購物中心，離開我的家庭，離開我的身體——藥物毒品就是我的交通工具。

我是那個在大學裡幾乎不穿衣服，總是半裸的女孩，非常誇張的暴露狂、雙性戀，幾乎是女同志了。我以充滿罪惡感的心，誘惑任何我認識的異性戀女人，平時跟我室友睡，週末她的男友來找她，我就去找男人睡。我從來無法好好待在一邊——異性戀或同性戀。我渴望肌膚相親，胸脯、陰莖、嘴巴、愛和性的飢渴，我的需求既大量又急迫，根本不挑。我在佛蒙特一個粗人去的酒吧當酒保，帶酒去上所有的文學課。

我是那種和大部分教授都睡過的女孩，以為這就是課程的一部分。

我是那個大學畢業典禮上致辭的女孩，身穿學士服，談種族歧視、性別歧視，然後坐下來接過別人遞過來的牛皮紙袋，喝著裡面藏著的酒。

後來，我只用了兩星期就花光了畢業時父親給我的幾千美元，變成無聊悲劇的狂野女孩。

我是那種過著墮落的二十幾歲的女孩，既不光彩又衝動，濫交、酗酒、整天哭鬧，在黑社會夜店當女侍，穿著黑色緊身褲襪、鑲了便宜假鑽鈕扣的翠綠色燕尾服上衣，晚上和一個身上味道很好聞的殺手一起睡覺。

我是那種女孩，喝掛了之後，半夜醒來發現英俊的黑社會老闆之一法蘭基正抓著我的頭撞吧台，把我的項鏈都扯掉了，而其他幾位老闆看著，完全不想干預。

我每天晚上出去晃，希望有人可以終結我的痛苦。在波多黎各舊聖胡安機場的停車場，我被那時的男友、後來的老公打了一頓。我直到今天也無法理解我為什麼要跪下來對我根本不相信的上帝發誓，如果我的腦筋再次清醒，我會改變。我撿起高跟鞋掉下來的鞋跟，廉價的黑色眼線沿著我浮腫、酒醉的臉頰流下來。我知道我需要獻上某種很大的祭品，因為我墮落得太深了。

我是那個狂野女孩，完全的迷失，放棄了我的才華和天賦，讓那些愛我、相信我的人失望，我背叛了愛人和他們的妻子（童年三角戀的根深柢固模式——誘惑者父親，完美的母親）。

我是那個悲哀的女孩，在人生重要的成長階段把腦細胞都炸了。我失去了大好機會，因為我傲慢、叛逆、自以為是。放下酒瓶和毒品是我此生做過最艱難的事情，二十三歲時我戒了這一切，同時也破產了，因為焦慮症發作而經常進出格林威治村聖文生醫院的急診室。我一毛錢都沒有，甚至沒有銀行帳號，這種情況持續了很久。我住在克莉絲多福街的一間公寓四樓，每月租金一百二十美金，我賣雅芳保養品給住同一條街的變裝皇后。我在哈林區教寫作，班上都是懷孕的青少女，一個個肚子都被搞大了，上課大部分的時間都在吸手指，試圖平撫她們的恐懼，她們馬上就要成為母親了卻毫無概念，也不想當母親。

我無法用任何東西自我安慰，完全平息內心的自我痛恨、批判和恐懼，一旦放下酒瓶和毒品，這些情緒就都冒了出來。我喝無糖飲料、患了菸癮，還是個嚴格的素食者，這意味著我經常吃醃製蘑菇，無法提供我亂七八糟的腦子多少蛋白質。老實說，我根本不記得自己有在吃東西，但是我不再喝酒嗑藥。

現在，三十二年後，大麻幫助我度過化療，我確實需要幫助。最意想不到的人出面弄到藥。我現在的朋友幾乎都沒有看過我最糟糕的時候，當我還在喝酒嗑藥時，他們都還沒有跟我在一起。現在他們來看我吸大麻，感到非常興奮，簡直將這裡當成了戲院。我忽然變成一個嗑藥吃肉的光頭人，身上還有個袋子。假期，某種假期。

騎獅子

蘇說：「用妳找到的、所有的、群體的力量和愛來騎這頭獅子。雖然妳很痛苦很孤單，但是新生兒就要誕生了，有著一群人的愛、保護、溫柔和勇氣來照顧。我們都在妳身旁，給妳祝福。妳和我在這裡，妳體內的生命力被釋放出來了，時母在清洗妳的細胞，妳的細胞會完全沒有癌症，那些投射到妳體內的、不屬於妳卻讓妳一生受制於它的壞東西，洗乾淨了，妳會找到妳自身原本的美好。」

化療第五天

陰道痛，深深的、抽搐的陰道痛
受不了的骨頭痛
雙腳無法感覺到地板
想死，雖然你正在反抗死亡戰役的最高點。
想吐，雖然你知道你想吐出來的毒藥正在拯救你。
袋子聞起來都是很臭的毒氣，
燒灼感
塞勒姆審巫案
巫婆
細胞，爆炸的表情符號，到處都在自殺
失去意志力
極度疲憊卻無法入睡。
第五天不可以想到的事情：
地球暖化、

剛果有六百萬人死亡、
聯合國毫無意義卻花費巨大、
垃圾去了哪裡、
女人花多少錢買保養品、
拉什・林博（Rush Limbaugh，美國保守主義廣播主持人）、
銀行家、
美國的醫療體系、
癌症復發的朋友、
我母親的寂寞、
C從來沒打電話來，雖然我知道他知道我生病、
英國石油公司、
聯合國兒童基金會、
賴利・薩默斯（Larry Summers，經濟學家，曾擔任美國財政部長）、
自由主義者、

共和黨、
後種族歧視（postracial）的任何事情、
阿富汗人、
喵喵（drone，毒品，卡西酮類興奮劑，也稱為甲氧麻黃酮）、
抨擊跨性別者、
北極熊溺死、
鳥從天空掉落、
否認氣候變遷的人、
剛果森林中腐爛的女人屍體，無人聞問。
我們不應低估大麻的重要性。

我妹妹的存在威脅到我的存在，她誕生的那恐怖時刻我永難忘懷。當時的我是一個脾氣不好的兩歲孩子，努力爭取，希望得過選美皇后的金髮母親能多看我一眼。我妹妹的存在簡直令人無法忍受，所以我讓她消失。我並不以此為傲。她變成一團模糊，一堆或一片不太重要的存在——偶爾出現在我視線邊緣，一眨眼就不見了。這是我這輩子做過的事情裡最令我覺得羞恥的。毫無疑問，這就是為什麼我變成女性主義者——為了改正這個錯誤。姊妹情的觀念違背了我體內幾乎是要把對方殺掉的好勝個性。我們的父母克莉絲和亞瑟把每間房間、每個聚會的生命力都吸光了，我們兩姊妹卻得競爭原本就不存在的東西。

我不記得曾經幻想過謀殺我妹妹，但是我記得那毀滅性的憤怒——有一次，強烈的憤怒爆炸了，我把妹妹摔到椅子底下踢她。

在家庭的階級制度上，我的妹妹處於最底層，這個位置保護了她，也讓她隱形。我父親擁有所有的氧氣、資源、錢、權力、魅力，我們其他人都吃他剩下的碎屑，你愈接近他，愈有機會呼吸，但是接近他也意味著危險。天曉得我怎麼會是這樣的人，但無論對或錯，我以為我要生存就是得被聽見、被看見，即使這意味著被

虐待、被攻擊。為了站在聚光燈下，我顧不得姊妹情了，隱形是最大的敵人，這個想法變成我的人生藍圖與原型。直到第三B期或第四期癌症經由薩滿式的清洗，驅除原有的故事設定才讓我開始看見，或許這個故事並不是我的故事。

我父親破壞過很多很多事情，最具毀滅性也最具永久性的就是分裂我們，讓我們彼此對立，這是他最深刻也最持久的遺產。這個分裂隨處可見，早期家庭突變如何像癌細胞一樣，決定了我們存在的心理與社會模式，世界似乎建立在這些突變所產生的帝國之上，這樣的窮人和窮人對立，族群和族群對立，讓一群人在另一群人之上，這樣的誘惑讓有權力的人安坐其位。如果我們不那麼容易受影響，不那麼想當被寵愛的、最好的、最受疼惜的贏家呢？

現在璐坐在病床旁的沙發上，將濕毛巾放在我的額頭上，幫我捲大麻菸（她很擅長捲菸，就像她擅長做其他所有的事情一樣），叫我記得呼吸，吃抗焦慮劑，不要再讀有關種族滅絕的書。她長大了，有人生的價值，專心照顧丈夫和女兒，在世上做了許多了不起的工作，成為有分量的人，不知為何，她在這裡照顧我。我被判緩刑，所以我閉上嘴，我聽話，我問她問題，誠心想知道答案。一開始我忍受她的

存在，過了一段日子，我開始享受她的存在。

我們的新關係還很脆弱，我很害怕搞砸，於是我很小心，有時候什麼事情都不做。以前的我會很焦慮。我們一起吃雞，看網路上的皮包，玩她新買的平板電腦，看爛電影一起哭，偶爾小心的談到爸媽。璐有她的界限，我學著尊重她的界限。我沒有比她更好或更勇敢，我也不用當悲劇主角。璐的存在，她的簡單、柔軟的母性和身為妹妹的存在是某種治療。我的身體發著燒，暈眩想吐，而我妹妹和我在一個叫做曼哈頓的島上愛上彼此，這是我唯一能夠描述這件事的方式。我們找到了另一個方向，不是朝著無法相處的父親或碰觸不到的母親，而是朝向彼此。

我愛妳的頭髮，最後一次見到我母親

我餵她吃巧克力冰淇淋，渴望相信她也曾經餵過我吃，雖然我完全沒有她將食物放入我嘴裡的記憶。我恨她，但現在我在這裡，爬出我的化療窩飛到南方，餵她吃巧克力冰淇淋。我又一次在這裡照顧她，希望她有一天也會想照顧我。一位老心理醫師曾說：「你以為只要妳把手臂黏在她身上，有一天她就會擁抱妳。」我為自己的憤怒感到震驚，我氣她在我走進病房時，沒有停下來說：「我的天，妳來了，妳正在做化療卻飛來這裡陪我。」而是說她有多麼喜歡我的頭髮。在她逐漸癡呆的狀態下，她告訴所有護士，我的頭髮會引起紐約的流行時尚風潮。

我從來沒引起時尚風潮，這輩子大部分的時間，我根本不知道如何打扮自己。她堅持要我拿掉頭巾，我聽話了，因為她病得那麼嚴重。她說：「我喜歡。我喜歡妳的頭髮。」

我想尖叫：「妳有在看我嗎，啊？我的頭髮剃光了。摸摸看，感覺我的頭，上面什麼都沒有，沒有頭髮。我得了癌症，媽，我才剛動手術拿掉了一半的器官，我每個毛孔裡都有該死的毒藥，我可能會死掉，我不是八十五歲，我才五十七歲。我坐飛機來，冒著受感染的危險，我的白血球指數很低，我冒著他媽的生命危險來看

妳！就是妳！」

但是我沒說，不，我從來不說。我笑了，拉一拉不存在的頭髮，然後她說我外甥女凱瑟琳的金色長髮和美麗得驚人的臉，和她的一模一樣。

她無法遏止的一直聊我美麗的外甥女，說她有多美。我禿頭，我外甥女很美，很美很美，就像她。然後她終於清醒了，說：「喔，妳也很美。妳們都很美。」

她對著房間說，好像在說，「大家乾一杯，我請客。」

我說：「我長得不像妳，從來都不像，所以我不美。」這個對話多麼熟悉，我開始渴望化療的止吐劑。

她的長指甲塗了紅蔻丹，和她穿的醫院長袍很不搭，全身都是人造物品的她只剩下這唯一的痕跡了。她瘦得皮包骨，全身都是老人斑、引流管、瘀青和令人發癢的點滴。她的白色長髮很細，纏住所有的東西。我以為她在打盹，卻忽然聽見她莫名其妙的說：「罪惡感。」

我和妹妹問道：「什麼？」

她說：「罪惡感。我覺得罪過，沒有多愛妳們一些。」

我說：「妳一直都是個有愛心的媽媽，不需要為任何事情抱歉。」我會說謊，我妹妹不說謊。

我心裡想，罪惡感能夠給我們什麼？能把總是自殘、幾乎喝掛的那些歲月還給我嗎？能夠消除我被掐、被揍、被鞭打之後留在腿上、屁股上和脖子上的瘀青嗎？能夠扭轉妳將我用膠帶綁在椅子上，把我的內褲罩在我頭上一整天來教訓我的事情嗎？能夠讓我明白妳為什麼要叫醒我那喝醉酒、憤怒不已的昏睡父親，告訴他一些妳明明知道會讓他暴怒的事情嗎？「快來，亞瑟，她又在胡鬧了。她在抽菸。我會給妳點顏色看。快來，她和男孩子溜出去了，她不在床上。快來，亞瑟，你要處理一下。」他確實會處理，只是通常是用他的拳頭和粗口，半醒半醉的暴怒怪獸，妳叫牠來找我。罪惡感，我撒謊。

我問她要不要看我的疤，她不要，她從來不看，但我還是決定給她看。照顧她的護士假裝有興趣，我給她看我的疤——身體從上到下一整條。我媽根本沒看，只說：「我的疤更長，我的疤繞了我的身體一圈。」

我的母親根本沒有這麼長的疤。同樣的事情又發生一遍，當我跟她說我必須做化療的時候。她說：「我也有做，沒那麼糟糕。」

她把化療說的像是沒什麼一般，後來我才發現她根本沒做過化療。我有癌症，然後我母親癌症復發；我去做化療，然後我母親決定騙我她有做。她一定要贏過我不可。

她很虛弱，看起來隨時會碎掉，但是她不會，她比那些認為她會碎掉，把她當成瓷盤照顧的任何人都活的更久，她已經得過三種癌症又活了過來。她一直說：「我不想活的很久，不要等我變得那麼老就讓我走吧！」但現在她八十五歲了，還在用一個肺掙扎求生。

我揉揉她瘦骨嶙峋的胸部，讓她吸氣吐氣，我讓她安靜下來，我很意外我做得到。她是個孩子，我是她母親，我讓她閉上雙眼，然後她的頭靠著我的頭。我決定透過我們的頭來溝通，我決定告訴她一切，我決定此刻就是我的自由。我用自己的腦袋壓著她的，我告訴她我有多麼憤怒，但是已經過去了。我說：「我等妳等了一輩子，妳都不來。」

我說：「我想要相信妳的高牆會倒下，妳會記得我，替我著想，擔心我。」

我說：「結果沒有。」

我說：「我因此恨妳，一輩子都恨妳，我恨妳，因為妳沒有保護我，或經由妳的保護讓我知道我有權力保護自己。」

我說：「我生病了，我不想再責怪妳了。無論事情有沒有發生，是不是這樣，我都不想再責怪了。我想往前走，不要再在我的世界裡尋找我的母親，不要再渴望別人愛我。我要在此刻得到自由，所以我放妳自由。」

我們坐在床邊頭貼著頭，我知道她內心深處聽到我說了什麼，我感到自己身體放鬆，我對她的反感和渴望離開了我，她也放鬆了，我們就這樣睡著了。

早上四點，我在她病房的小床上醒來，她在呻吟，覺得冷，空調非常冷，非常寂寞。我拿了我的毯子爬上她的病床抱著她，就像我一直希望她抱著我那樣抱著她。我把毯子攤開，蓋在她發抖的骨頭上，我把她擁向我，抱得緊緊的。她停止呻吟，開始說夢話：「我做了個很糟糕的惡夢，我夢到他們來拿我們的心臟，他們不要我的，他們最想要妳的。他們來拿我們的心臟。」

我想問：「他們是誰？」但是我其實知道。我把她抱得更緊，聽到我的聲音變得低沉。

我說：「別怕，他們不會拿我們的心臟。我不會讓他們拿，我保證。」

第二天早晨，他們把我母親轉到心臟科病房，因為她的心臟有問題。在那個病房，我們不會活下來，死亡會來。

我想，那是沙灘

日落了，璐要坐在外面，我想那是沙灘，但也可能是停車場。風是海風，有點鹹味，風讓我們待在一起，也撕裂了一切。沒什麼話好說，我們已經超越了責怪和渴望的階段，不再計較誰被愛得多一點或誰完全沒有被愛。佛羅里達，化石和遺蹟的燒燬之地。

我拿下帽子，風吹過我黏黏的禿頭，溼度擁抱了我。璐和我仍在震驚事情發生得太快，我母親正在步向死亡，我們卻餓得不得了。我們一直吃小孩子的食物，全是炸的，我們一起吃，璐喝酒。若是以前，我們之間的沉默會逼我問我妹妹，重溫家庭恐怖故事，但是現在我沒興趣了。恐怖故事，讓我想到我曾經從戈馬到布卡武，渡過基伏湖，湖面像是憤怒的大海，海浪打得比載了太多貨物和乘客的船還高。我不像別人擔心溺死，我知道我會游泳，我害怕的是湖面下的東西——所有的屍體和殘塊——在森林裡被殺、被強暴、被刺的人，整個家庭和整個村落的人被殺害，這樣才不會有人尋找死者。寂寞的、漂浮的屍體在黑暗的水裡浮浮沉沉，伸出手來還想抓住他們的機會。我總認為只要我走進水裡就會死掉，但是當我們離開母親病房的那一晚，我不確定那邊有沒有水。比較像是水的概念，某種東西離你非常近了，等你剛剛要了解它的時候，忽然又拉開來。那是我母親，那陣風讓我和璐在一起，也讓一切撕裂。

糞便

我記得我母親有一次很驕傲的告訴我，她只花了一個星期訓練我大小便。我不肯學，她就讓我穿著髒尿布，六七天不幫我換。她笑了，一種奇怪又邪惡的笑，她說：「相信我，妳一下子就懂了，妳求我把那個尿布拿下來。」

我告訴過你嗎？我小時候母親很愛給我灌腸。我不記得自己便秘，我不認為這是她要這麼做的理由。我覺得她想清潔我，把髒東西從我這個壞孩子體內清除掉。我生下來膚色就很深，看起來很有猶太人的樣子，她則是一半白人盎格魯撒克遜新教徒（Wasp），一半是別的血統——來歷並不清楚的窮困白人。從來沒有人認為她是我母親，包括我自己，有很長一段時間，我深信自己是被收養的。羅馬尼亞的尼古拉・壽西斯古（Nicolae Ceausecu）在位二十五年，暴政結束之後，大家發現了成千上萬的孤兒，我很確定我就是其中之一。灌腸就是我母親想把我變成別人的方法，完美的法式辮子綁得緊緊的，優雅、不會亂七八糟。灌腸的目的是把我變得不讓她覺得丟臉。

許多年來，我都很害怕糞便，我會做關於糞便的惡夢，海洋般的糞便吞噬我、消化我。現在我真的在糞便之海游泳了，我無法控制我的糞便，我有個裝糞便的袋子，我沒有表達出來的情緒會隨時隨地冒出來擠在袋子裡。離開家變成很危險的任務，有時袋子會爆炸，我感覺焦慮的時候，我的胃會腫脹起來，造口的膠水無法固定，然後就是一團糟。如果我在街上遇到人，他用對癌症病人說話的方式跟我說話，袋子就會靠不住。你知道的，那種虛假的同情讓你十分清楚他們已經不把你當一回事了。我用著那種禿頭微笑照顧他們，跟他們說不用擔心，我很好，癌症細胞都沒有了，我不會死的，但是我的袋子生氣了。當我說完那些狗屎句子的時候，造口已經開始腫脹，袋子開始塞滿了糞便。或是在一個讀劇的場合，一位製作人走過來，我對他原本就有很多懷疑，當我跟他握手的時候往下一看，才發現我的手上都是大便。

糞便，無法預期的糞便，我的大便跑出來了，不再隱藏，不再壓抑。

拉達

我有一個朋友拉達，她有一頭紅色的頭髮，南斯拉夫口音，會說十五種語言，知道每個國家的歷史。你指著世界上任何一座橋或紀念塔，她都可以告訴你是何時建的、為何而建。她是語言學家、女性主義者、社會運動者，會做我吃過最好吃的蔬菜湯，她還編寫過芬蘭語和克羅埃西亞語的字典。我需要拉達，我請她來不只是為了她的湯、她的手、她的肌膚、她的想像力、她說話的方式或她知道的事情。不是因為她可以同時是最有頭腦，也最跟土地親近的人，或她是唯一不怕我的袋子或糞便的人，而是我們一起在戰地旅行過。

我在一九九四年遇到她，我看到紐約《新聞日報》（*Newsday*）封面照片，六、七個女孩看起來受到驚嚇，她們才從波士尼亞的強暴營逃了出來。這張照片和強暴營這樣的概念，讓我不得不想辦法到那裡去見見這些女孩。在克羅埃西亞的薩格勒市（Zagreb）有個女性戰爭受害者中心（Center for Women War Victims），我把信傳真過去，他們沒有回應，我再傳真過去，很明顯的他們不想理我，他們已經習慣了外國來的記者和作家。我又傳真了大概四封信，他們終於同意我可以去，睡在辦公室的沙發上。我覺得自己好像得了諾貝爾和平獎似的。

拉達就是中心負責人之一，她充當我的翻譯人員，但很顯然的她並不想接受這個任務，我只是又一個來竊取她們故事的作家，然後把她們丟下來繼續受苦。她不熱情，但也不是不和善，她花了許多時間幫我翻譯。我們花了好幾天在難民營、其他的中心、別人的後院，和搖搖欲墜的共產黨建築物裡。

當時是夏天，非常炎熱，我們坐在擁擠的巴士裡流汗，驚嚇與恐懼從流離失所、被遺忘的人們汗溼的衣服裡冒了出來。那年八月，我們被香菸和痛苦淹沒，喝著濃烈的土耳其咖啡，吃著炸甜餅和果仁蜜餅。就是在波士尼亞，幾百個女人的故事開始進入我，有的女人被拖到廣場上，在丈夫、家人和朋友面前被強暴；有些年輕女孩被當做奴隸好幾天，身體不斷被精神有問題的士兵一再利用，有時候六、七個男人一起來。這些故事明確指出強暴是有組織、有系統的策略，用來摧毀波士尼亞人、穆斯林、克羅埃西亞人和某些塞爾維亞人。有些女人被迫離開她們的牛羊和農田，看著自己的丈夫和兒子被軍人抓走再也回不來。

這些故事進入我，就像情緒彈片卡在我的細胞和肚子裡，故事最後占據了我，引導著我。這些故事永遠不肯走開，當然，這些故事會引來其他女人、其他國家、其他故事，全部指向最終極的故事，就是剛果。這全從波士尼亞開始，我的朋友拉達和我需要聽故事，雖然我並不知道我在尋覓什麼。我需要知道暴力是什麼模樣，我需要知道別人如何存活下來，我需要傾聽，但是我真正需要的是了解世界，了解世界的真相。我需要找到隱形的、埋藏在底下的故事，那個將一切連在一起的故事。接下來的幾年，我一再回到巴爾幹半島，每一次拉達都負責招待我、陪我。

這就是我們友誼的形成——兩個女人試著了解戰爭，兩個女人試著去愛這些受苦的女人。我們一起睡在很小的床上，分享新鮮的無花果，比較彼此的腹瀉和便秘。我們感冒，我們珍惜有好咖啡的地方，有一天，我們在大碗裡壓碎桃子、草莓、黃瓜和檸檬，製作面膜給一個島上的難民和倖存者用。我們做義賣、表演和工作坊，我們閱讀關於創傷的書，在空曠無人的克羅埃西亞沙灘上度假。我們分享很小的夏季小屋，當我們和自己的夥伴做愛時，可以聽到對方的聲音。

十五年後，我們兩人都結束了很長的婚姻關係。新的戰爭又起，我得了癌症。我們去了紐約的蒙淘克（Montauk），每當我需要消失的時候都是去那裡。我們在沙灘上散步，拉達做了她的神奇蔬菜湯，我們大聲讀詩，看彼此的照片，還看了女人建築喜悅之城的影片，她夢想著再度愛上某個男人，我則夢想著活下來。我們談到戰爭犯罪法庭和仍在尋求正義的波士尼亞女人，我們談到剛果衝突的結果。我一點都沒注意到我的癌症有沒有讓她不舒服，這是另一場戰役，我們會又一次一起度過。有工作得做，她告訴我新的消息，讓我感到憤怒，她協助我計畫未來，幾乎每天幫我揉肩膀和脖子——逼我、愛我、需要我，要我回到我們的拳擊場。

死亡與塔咪・泰勒

化療時，詹姆斯跟我待了一個月，如果我有兄弟的話，他就是最接近的人了。我們很相似，他插花、畫很美的圖畫、整理我的衣櫥、幫我丟掉舊書。他幫我做了一個戴帽子的貓（*Cat in the Hat*，一本兒童書的主角）形狀的書架，幫我的淋浴間找到完美的玻璃門。因為他是演員和藝術家，所以非常能夠吸收一切經驗，感覺上我們好像一起在做化療。每天晚上詹姆斯和我跑到德州迪倫（Dillon，美國電視影集裡的虛構小鎮），這是個驚喜，因為從前的我對德州、美式足球或小鎮都毫無興趣。我暈眩想吐，身體酸痛，我們一起吸大麻、野餐、到迪倫旅行。我不知道為什麼我們要這麼做，或為什麼是現在。我知道和塔咪・泰勒（Tami Taylor，影集女主角，小鎮的高中校長，足球教練的妻子）脫不了關係。她很高，有著紅色長髮，非常聰明，性感，有南方人的味道，善良卻不愚蠢。我常在不同的時刻幻想她能夠成為我的母親、愛人和朋友。我簡直是為了塔咪・泰勒而活。詹姆斯則是為了完全不可能得到的壞男孩提姆・里根斯（Tim Riggins，影集中的一位足球員，以花心和酗酒出名）而活。我們看的是電視影集《勝利之光》（*Friday Night Lights*），故事主軸是小鎮高中足球隊，而我以前從不看電視，電視讓我沮喪。

我很高興我們真的住在德州的迪倫了，白天我們只是在殺時間而已，到了晚上就可以見到我們的朋友了：教練泰勒、塔咪、提姆、麥特、茱莉、文生、傑西和萊拉．蓋里提。我想他們的生活並沒有更有趣，但事實上，他們的生活確實比較有趣。我幾乎無法離開家，而這是最接近旅行的方式，我變成迷上電視影集的人了，許許多多我以前認為絕對不可能發生的事情發生了。我以前覺得自己跟別人很不一樣的部分因某些事情改變了，例如，我以前相信自己不像是「會得癌症的人」，不管這是什麼意思。我以為癌症不會找上情緒強烈的人或是瘋瘋癲癲的人，我很確定自己會死於心臟病或腦中風。但我沒有想到的是：（一）「情緒強烈」不代表「開朗、想得開」，（二）世界充滿毒素，（三）家庭遺傳，（四）創傷。

我們創造故事來保護自己，我不是會得癌症的人；我不是會死於車禍的人；我的童年很艱辛，所以我的餘生都會很容易；我已經付出過代價了。有許多小小的迷思和神話讓我們保持在存在的邊緣，現在我跨過去了，發現根本沒有規則或可靠的說法，只有受苦。這很平常，每天都在發生，似乎年紀愈大發生的機會愈高，或者是你的眼界更寬廣了。這就像你的平凡、你的光頭和你的袋子一樣，無法避免。

電視總是讓我想到死亡，有某種空虛感。我從十歲就一直想到死亡，或者是更小的時候。

我十歲，正在看電視上的《隱形人》（*The Invisible Man*），對於兒童來說，這是個極為不落俗套的電影。克勞德．雷恩斯——我的替代父親，他看起來總是那麼無法捉摸，因為他整張臉和整個頭都纏繞了厚厚的、白色的恐怖紗布。即使如此，他還是那麼聰明有趣、整潔英俊、完美無瑕。在一個重要時刻，他拿下紗布，我以為會出現一張恐怖醜陋的臉。沒想到紗布拿掉後，沒有扭曲變形的臉，而是更糟糕的景象——什麼都沒有，完全沒有頭和臉，即使現在想起，我還是覺得全身冰冷，暈眩想吐。克勞德．雷恩斯隱形了，不見了，我嘔吐了三天，之後就非常非常怕黑。

死亡，我花了不知多少時間與死亡為友，有很多年，我沉溺於死亡，突然敏銳的明白自己也終將死亡，了悟到有一天我將不再存在。這個明白非常立即、非常絕對，讓我喘不過氣來。這種「明白」隨時隨地可以發生，在書店、淋浴間、健身房、床上。我也夢到過死亡，當時立即倒抽一口氣坐了起來，這件事情太常發生了，我甚至可以有意識的讓它發生，而我也開始故意這樣做，以便控制或掌握它。

現在我真的與死亡為伍，死亡已經不是「一件事情」，不是「有一天會發生」的事情，它確實要發生了，也已經開始了。我得了災難般的疾病，許多人都因此而死，我也可能很快就要死了。所有人都告訴我不要這樣想，但是為什麼不要想？怎麼能夠不想？這是最大的人生大事，而且即將在我身上發生了。

死亡會結束我的存在，把我的身體變成塵土或骨頭，讓我永遠無法再看到星辰、在早春的日子裡散步歡笑，或是當有人在我裡面的時候移動我的臀部。我想，哭泣會有所幫助，我將一路哭到我死。

每天晚上，詹姆斯睡在我身邊，同一張床上，我們從來沒有這麼親近過。我很緊張，我快要死了，我有癌症，我的細胞試圖反抗，事情可以往任何一邊發展。我鼓起勇氣說：「吉米（我是唯一叫他吉米的人），」我用南方口音，就像塔咪・泰勒。「吉米，我可不可以把頭放在你的胸膛上？」

他說，用著深沉的男人聲音：「當然可以。」他把我擁入懷裡，就像教練泰勒。

愛的沉思

被下毒會讓你完全疲憊，你的身體試圖抵擋攻擊，或只是掙扎求生。這中間還有些什麼把你抓得緊緊的，讓你感到深深的、災難般的疲憊，把你帶到一個神祕的地方。你深深的在自己身體裡，在身體洞穴內部之內，深到世界的底層，我就是在那裡開始沉思愛是什麼樣的地方。

童年時，我被愛慕和蔑視，我被崇拜和褻瀆，我從不知道無條件的愛是什麼樣子，從不知道「無須達成某種無法達成的期待」的愛是什麼樣子。

我父親的心如此冷酷，他過世前一直沒有試著與大家和解，也沒有道別。他的心如此冰冷，過世前一週，在他精神有些錯亂時，他要我母親把我從他的遺囑中刪除。（我一直不明白她為什麼要告訴我這件事。）然後他告訴她，一定要記得我是個說謊的人，我說的任何話都不可以相信。很多年後，我做了這輩子做過最困難的事情，我去海邊探望我母親，告訴她，我父親性侵我。她說，若不是他曾經這樣告訴過她，她絕不會相信。

愛這種東西，你不是成功，就是失敗，就像公司辦的活動，你不是贏，就是輸，人家愛你，人家不愛你，就像樹，我一直抓不到重點。理論上，我愛過的男人們也愛過我，但他們都消失了。我們有過好幾年的關係，但在那些因病燒灼的漫漫歲月裡，沒有任何一個男人到我家來看我。我收到一封只有兩行字的電子郵件，是我第一任丈夫寫來的，我們的婚姻維持了十五年。一位在一起十三年的愛人寄來一張卡片，另一位同樣十三年的愛人則是一點消息都沒有。後來我聽說他覺得受辱，因為我沒有主動通知他說我得了癌症。我沒有要怪任何人，我只是描述事實。

我在愛的領域失敗了，或者說我在我相信的愛情故事裡失敗了，當我駕著我燒灼的身體到世界底層，經過了那些愛情的鬼魂和榮耀——醜陋的時刻和溫柔的時刻，老實說，其實沒剩下什麼。沒有怨恨，沒有渴望，這才是最痛苦的部分——五十六歲了，我的下場是沒有愛人、沒有伴侶、沒有關懷的回憶。絕望在我心裡燃燒，有些日子裡，我失敗的愛情像落葉般在我心裡落下，燃起熊熊大火。我所相信的、關於愛情的故事顯然是過去了，景象一片淒涼，無法前進也無法後退。

當這把火在我體內燃燒時，有一些我看不懂的、鍊金術似的舞蹈也在我四周進行著。MC清晨五點幫我煮溏心蛋讓我的胃舒服一點；我幾乎不認識的艾美忽然造訪，幫我按摩雙腳；蘇珊到醫院病房來；我的兒子睡在沙發上；妮可從義大利來，

我一向覺得真命天子的觀念很有問題，太刻意了。我年輕時，「一夫一妻制」讓我聽了就害怕。我第一次結婚時，拒絕把它列入誓言中，我知道我結婚的對象很花心，這種誓言聽起來一點意義也沒有，而且是我自己選擇了一個無法保持忠誠的男人，這讓我放鬆，好像壓力不見了，只要想到下半輩子只能跟同一個人有性關係，我就覺得恐怖。然而現在我明白了，我的恐懼不是關於性，而是害怕被綁住、被決定、站著不動；是關於在愛的場域裡被釘在牆角；是關於包裝好的愛，伴侶的愛，死氣沉沉的永遠在房子裡養孩子的愛；是關於令人尖叫的孤立、教堂和控制的愛，尖叫著：「關懷你的家人，照顧你的財產」；是關於分配的愛、管理的愛、禁止的愛。

請務必了解，我不反對兩個人互相愛著對方——我只反對將這個愛當成是最高的愛的表現。或許對每個人來說愛都不一樣，或許我們愛我們的女性朋友或愛人類能和兩性之愛一樣的深。如果有人找到了另一個人可以滿足他們對愛的需要，我很為他們高興，可是我的故事並非如此，我不是只愛一個男人或一個女人，我也不想要「我自己」生的孩子。

我愛過，愛的能量讓我在世界各地跑，有的人我會立刻愛上，愛一小段時間；有的人我愛得很慢，但是永遠愛著。我無法確定的說最後我選擇同居或有性關係的男人是我的最愛，而是這些愛比較長久，以某種比較有結構、比較投入的日常方式相愛。這很好，也不好，愛不斷擴展，所以需要空間、空氣、行動、自由。我發現自己沒有承諾要如何愛的時候比較有愛。就像耶誕節不得不買禮物送人時，我發現我比較適合看到一樣東西時想到一個人，就買來做為禮物，或是我感覺到愛意，於是去買合適的禮物送人。

我一直很害怕寫到這一點，甚至害怕對自己承認這就是我愛的方式，我完全不知道這會帶領我到何處。我確實知道的是，我跟剛果的布卡武、沙本達（Shabunda）、布亞基里（Bunyakiri）和戈馬的女人在一起的時候，我知道愛是什麼。我愛珍、阿爾芳欣和艾莉莎，我愛媽媽西和穆克維吉醫師，我愛精華路上的女人，頭上頂著九十公斤貨物。我愛那些在街上賣炭和魚的女人，穿著熨得筆挺的寬大布裙，豔麗的色彩讓早晨醒了過來。我愛她們移動、大喊、哀傷哭泣的方式，這才是偉大的愛，終極的愛，這和婚姻、所有權、財產、消費一點關係也沒有。這是

關於在場、不遺忘，關於信守承諾，關於付出一切、失去一切。

世上沒有一個人屬於我，穆克維吉醫師不屬於我，媽媽西不屬於我，女人們不屬於我，她們永遠都不會屬於我，她們本來就不應該屬於我。世界已經這麼做了——占有剛果，挖掘它的礦產，統治它，控制它的命運，那不是愛，那是占有、占領。愛不一樣，愛不斷升起、有感染力、令人驚喜。愛不自覺，愛不留紀錄，愛不是你簽字就算數了。愛無止盡、慷慨、包容。愛在鼓聲裡、在話語裡、在受傷而被治療痊癒的身體裡、在音樂裡、在我們之間，跳著舞。

我的母親過世

璐之前都不在我這裡過夜，今晚她留了下來，可能因為詹姆斯沒辦法陪我，而我正在第五次化療的艱難日子裡掙扎——酸痛、暈眩想吐、哀傷。也或許是因為兩天前，我們跟我們的母親對話，她說的是另一個世界的話語，喃喃自語中有著溫柔，但是她已經不再只是對我們說話了，還有其他人、其他靈魂占據了她的世界。我們掛上電話時感覺到了，即使克莉絲有能力打敗癌症，用一個肺就能活著，這次可能也無法翻盤了。或許璐留下來過夜是因為就剩下她和我了——一家人。我的哥哥寇特斯很好心的給了我一個驚喜，出現在梅約診所探望我，他住在奧克拉荷馬。我其實並不真的了解他，他是家裡最聰明的那個，真正的天才，他比我認識的任何人都讀了更多書，知道更多事情。他十七歲時考美國全國性的學術能力測驗（SAT）物理科，拿到滿分八百分，我甚至不確定他有上過物理課，但他的腦子就是那樣，非常敏感，簡直令人不敢相信他有一個虐待狂父親。

璐和我睡在同一張床上，我們握著手睡著了。早上五點電話響了，我們的母親過世了，我們坐在床上，半睡半醒的呆著，我們哭了，一點點眼淚，感覺上很勉強。我們想打電話給她，跟她說說話。多奇怪，我們想打電話給別人。可是能打給

誰呢？

我母親的遺體被送到火化場，她留下精確的遺囑指示要如何火化、何時火化，把她的骨灰撒在她最愛的墨西哥灣。她不要我們參與，沒有追思會，沒有喪禮。這個非傳統的傳統來自我父親，他過世了，讓我們全都很為難，不知如何哀悼。他禁止任何關於他去世的儀式或聚會，我母親和他從未告訴我他快要死了，即便他有肺癌，撐了幾個月才離開。當他過世之後，我母親等了一陣子才告訴我，沒有任何事情可做，完全無法確認他不在了，沒有辦法處理哀傷失落，或一家人聚在一起決定未來的事。這是我父親最後一次的自私行為，他鄙視別人，不屑讓任何人哀悼他，誰夠好、夠聰明來做這件事呢？但他從未想過他的喪禮不是為了他，而是為了活著的人。我記得他死後，我飛到我父母在佛羅里達的公寓，我已經好多年沒跟他們兩個說話了。我記得我花了一些時間在我父親的衣櫥，坐在白色地毯上拿下他的毛衣、襯衫和外套，抱著這些衣服，穿上它們，嗅聞它們。他的氣味，甜蜜、邪惡、英俊。我記得我對家人開始創造的神話感到很憤怒，他們說他是了不起的父親和有愛心的人。

我現在明白了，二十年來，我幾乎從未真正哀悼他的過世，他一直都在，然後就不在了。我從未感覺到失落，這比較像一場關於存在的魔術表演，他熱愛我，和我亂倫，然後不斷試圖謀殺我，最後，他不見了。

我的父親離開了這個世界，沒有電話、沒有揮手道別、沒有拍拍我，這是他最後的殘酷。他控制我母親的最後一招就是控制她如何離開這個世界，他過世多年後，我母親仍然受他影響，他縈繞在她的心頭。

我告訴母親說父親性侵我之後，有一晚她打電話給我，說她很擔心。她問我，如果她死後遇到我父親，他生氣她竟相信我說的話，那該怎麼辦？如果他覺得被她背叛了呢？我說，如果真的在陰間遇見他，叫他來找我。我說：「叫他來找我，媽。叫他來找我。」這句話似乎暫時讓她安靜下來，但是我覺得她還是繼續擔心著。

母親過世後，我花了好幾個星期到處參加喪禮，尋找哀悼的方式。我去了朋友父母親的喪禮，讓自己沉浸在他們的哀傷中。我看悲傷的電影，我羨慕那些因為母親過世而情緒崩潰的朋友，我請他們描述給我聽，我記下筆記。我也想知道有什麼從我腳底下抽掉了的感覺，但是我只感到渴望：渴望哀傷，渴望失落，渴望這一切都有意義。我覺得冰冷無感，一位朋友打電話來問候我，我說：「化療第六天，我很疲憊，我的胃在痛，我母親剛死。」我就這樣說著，中間沒有換氣。我的胃在痛，我的母親死了，好幾個星期，我都如此麻木。

璐和我計畫了一些很蠢的儀式，結果也沒成形，她每過一陣子就會打電話給火化場，問問我母親的骨灰如何了，他們告訴她，還要多等幾個骨灰罈才能一起出海。我想像我母親的骨灰罈孤獨的在架子上，我想像她在倉庫裡，我想像骨灰罈上面貼著手寫的標籤，像果醬罐子那樣。我在想，不知有沒有宗教人士跟著船出海。我在想，他會不會讀每個骨灰罈上的標籤，知道每個人的名字。我在想，當他們把骨灰拋向空中（我相信他們一定有很完美的方法，骨灰才不會被吹到他們臉上和頭髮裡）時，會叫出她的名字。

「我們要讓妳去了，克莉絲，我們將妳交給大海，撒向妳深愛的墨西哥灣。我們讓妳休息了，和妳深愛的海豚、螃蟹和鯨魚一起。」幾個星期候，他們打電話來說，她的骨灰將在早晨撒入海中。

我還記得我最後幾次和我母親在沙灘上散步，她很虛弱，全身皮包骨，但即便如此，她還是很美，穿著手工裁剪的純白長褲，青綠色的上衣，襯著她的綠色眼眸。她戴著草帽，草帽一直被風吹掉，我不斷幫她去把草帽追回來。她扶著我的臂膀，海水打在我們腳上，我們的腳長得一樣，也都搽了大紅蔻丹。她的手臂拉扯著我的手臂，當我們一起散步的時候，她偶爾會這樣拉我，好像想把我拉到另一個方向去——或許是她一直想去的方向，或許在那裡她可以過不同的人生，那個人生不會受到她對貧窮的恐懼或她需要被主導、被保護的極度渴望所主宰。

我有一位朋友曾經告訴我母親，我父親有四個孩子，我哥哥、我妹妹、我和她。父親擁有我們、控制我們所有人，我一輩子都感覺得到她在沙灘上拉著我的手臂的力道，這是拯救她的拉扯，雖然表面上看，她完全不想或不願意被拯救。這個拉扯讓沉默的、被動的她有了聲音，這個拉扯是我母親在表達，她要過她從未有過的人生。現在她已是骨灰了，不再拉扯，載著骨灰罈的船、陰天、海鳥盤旋、海面波浪起伏。她不讓我在場，但是我在，我把她的骨灰撒向風中。我停下來默禱，媽，去吧！去吧！飛吧！飛吧！

母親過世一個月後，我接受最後一次化療。我為了參與《往上游》（*Swimming*

Upstream）的演出去到紐奧良，這是一群非常優秀的女人寫的戲：作家、歌手、狂歡節（Mardi Gras）皇后、演員和社工。這是卡崔娜颶風五週年紀念，我們在準備演出和巡迴表演，這些女人非常和善，幫我找了個很大的舒適椅子，讓我可以坐著導戲而不至於因為化療而暈眩。排練時，非常慷慨的優秀歌手米奇拉問我可不可以為我安排一場治療。我非常需要治療。

吐司陪著我，我們去了米奇拉在紐奧良的新房子，在一條非常美麗的街上。早晨溫和甜美，光線由窗簾灑下，米奇拉忙著在廚房裡用大碗調和材料做準備。我很緊張，覺得很脆弱，因為化療艱鉅且無止盡的折磨；因為我笨重的袋子；因為我在外面；因為我感覺不到哀傷，於是變得完全無法預料。

米奇拉在調製的東西裡放了花，讓它變漂亮，加了蜂蜜讓它更甜蜜。我問她水裡有什麼，她說她加了墨西哥灣。女人們陸續到達，卡蘿B，紐奧良的心臟，是卡崔娜風災的哈莉特．塔布曼（Harriet Tubman，美國廢奴主義的英雄人物）；凱倫凱，她受過的傷是會起火的；特洛伊的聲音像是從身體各處發散出來；艾莉莎，她的台詞節奏簡直是得到了天啟。

這些女人和吐司圍繞著我，米奇拉讓我躺在她膝上，她抱著我的頭開始唱歌，我終於是個小嬰兒了。她開始很溫柔的用水浸潤我的頭，墨西哥灣的水，裡頭有花和蜂蜜。她一面洗著我的頭一面唱歌，其他女人也加入了。我也聽到吐司美妙獨特的聲音。當米奇拉洗我的光頭時，我明白到這個水包含了我們最好和最壞的部分。導致鑽油井爆炸的貪婪和魯莽輕率，之前之後說的各種謊言，這是我十六歲時游泳戲水的墨西哥灣，一面游，一面背誦艾略特（T.S. Eliot）的〈弗瑞德·普魯弗洛克的情歌〉（*The Love Song of J. Alfred Prufrock*）。我父母過世的墨西哥灣，他們在人世的最後一眼就是望向那條地平線。這是墨西哥灣，那條寬大的裂縫橫亙在我母親和我中間。墨西哥灣分裂了部落、家庭、南北美洲和種族。墨西哥灣流經我的頭，流到米奇拉的膝上，和我的淚水再也無法分開。

取出人工血管

驅逐出境（deport）：強迫外國人離開某個國家；把某人驅逐或流放，不准他待在自己的國家。

當他們在我體內放進人工血管時，感覺彷彿置入了一個晶片，一個身分證明的標籤，一個記號用來追蹤、控制我。我是無政府主義者，一輩子花了大部分時間抗拒各種威權，我很意外的發現人工血管讓我感覺很好，像是一根臍帶把我和紫杉醇、佳鉑帝、樞復寧、類固醇和輸液套房連結在一起。劑量太強時，我可以在自己的大椅子裡往後靠，在璐和朋友們的陪伴下，在化療的暈眩中打瞌睡。人工血管讓我和薩皮羅醫師、蕾基娜和戴安保持連結，還有所有其他也裝了人工血管的病友，我們在可能治癒我們的化療之河中泅泳。人工血管讓我輕鬆了，它幫助我，我的任務就是存活，找到一種想像的方式讓我轉化化療並學習忍受，我的任務是找出其中的詩意。人工血管不會讓我覺得病懨懨，反而讓我感覺自己很特別，感覺神通廣大，讓我覺得自己是超人，強化我存活的力量，化療給我力量讓我和化學之母連結。有些夜晚我忽然驚醒，倒吸一口氣，心不甘情不願的再度明白自己得了癌症，一切都改變了，就像我在剛果的前幾個晚上，故事進入我，使我迷失了。這時候我就摸我的人工血管，好像撫摸我的護身符：一塊就在皮膚底下，硬硬的鋼。我撫摸它，讓自己安靜下來。

現在到了要把人工血管拿出來的時候了，護士看到我很高興，告訴我這兩年來，我是頭一位裝了人工血管之後還能取出的病人。我知道自己躲過了子彈。當然，璐和吐司都在我身邊，他們非常高興人工血管即將取出，若非護士嚴肅的要求他們待在外面等候，他們還想一路跟到手術房裡去呢！我知道他們等不及的希望這一切全部過去，但我卻還沒準備好，化療讓我覺得我有在做些什麼來主動積極的對抗癌症，讓我覺得自己在參與殺死壞細胞的戰役，人工血管就是我打仗的方式，沒有了人工血管，我再度脆弱，我無法阻止細胞分裂、偽裝、侵入，我無法阻擋想要證明、驅策、戰鬥的毀滅性力量。人工血管是化療在我體內的證據，人工血管讓紫杉醇和佳鉑帝整整五小時毫不留情的流入我體內。

現在醫師在人工血管附近插針麻醉，這一針刺得很痛，我握住護士的手，我可以感覺到醫師在我的肌膚上割了一刀。流血了，我可以感覺到她在挖，然後拿起人工血管把尾巴拉出來，一陣空虛。我的塞子被拔掉了。

顫抖，慌張，我試著把衣服穿上，壓住體內湧起的那股力量。直到我們到了街上，我才開始呻吟，很像母親推擠新生兒到這個世界上時會發出的聲音。我哭了，因為我的母親不在了，我與大地、與土地、與實體相連結的臍帶斷了。我哭了，為了癌症、為了死亡、為了忽然擁有的生命。就在聯合廣場中央哭了，我幾乎無法站立，璐和吐司必須扶著我。

蘇說：「問題不是妳會不會死，而是哪一個『妳』得死掉，新的自我才能活下來，在一個新的、充滿愛的世界茁壯。」

生也陰道，死也陰道

我試著跟西恩醫師解釋，我剛剛才灌過腸，不知為什麼，他們在灌腸之後立即安排我做婦科檢查，或許我們應該重新安排。我回到梅約診所，在移除袋子的手術之前做一系列的檢查。他們相信經過好幾個月的治療之後，重建好的直腸和結腸可以好好發揮功能了。

化療之後，這是我第一次見到西恩醫師，我的癌症消失幾乎一年了，他是救我一命的梅約醫師之一，我猜他會想分享這份榮耀。因為灌腸漏出來的水，我在他的檢查桌上滑來滑去，我道歉，他告訴我這很正常。我心裡想：「對誰而言？」

我因著愚蠢的過度熱心說了一堆衝動的蠢話：「我感覺很好，我可以感覺得出來癌細胞都消失了，我是第四期。」然後我把紐約的醫師也扯進來，說：「她們說可能有根治的方法了。」

我一說出「根治」，就知道自己簡直就是白癡。根治？有什麼病是真正可以根治的嗎？「根治」一詞表示我根本不了解癌症。「根治」是很大的字眼，極端、無法證明的字眼，這個字眼會讓人不把你放在眼裡。這個字眼表示你是美國人，愚蠢的樂觀主義者，有著荒唐的想法，無法接受永恆的黑暗。這等於在說你相信奇蹟或信任你的直覺一樣。對於紀律良好的心智或有智慧的人而言，「根治」一詞簡直是侮辱。

西恩醫師說：「伊芙，我不覺得我們可以想出根治的方法。我們離那裡還很遠，我想我們務實一點比較好。」然後他說：「如果癌症復發，會從陰道開始，有百分之十的機率。妳想過接受放療嗎？我們可以用放射線照射妳的陰道。」

用放射線照射我的陰道，我覺得自己像是未來的《陰道獨白》續集裡的角色，用放射線照射我的陰道。我聽到他在說話，說用紫外線還是放射線照射我的陰道，他們會放進去。他說得很平靜、輕易、刻意，用紫外線還是輻射線還是放射線照射我的陰道。你知道我是誰嗎？你了解這有多諷刺嗎？但是更重要的是，你剛剛說了「如果」。

你剛剛把一根又長又粗的針插進我的未來，你剛剛抹殺了七個月的瘋狂感染、好幾個星期的化療、爆炸的袋子，而我本來相信，或是努力讓自己相信癌症已經永遠消失了。我需要你相信癌症已經消失了，可以嗎？我需要你不給「復發」留下任何空間，不要紫外線，不要提起，甚至不要在你腦子裡，所以，收回去，把你的話收回去。

我的陰道聽到了，跟她說你不是那個意思，說你是無意的。你是我的外科醫師耶！你他媽的救了我一命，我崇拜你，九小時的手術，在我體內清除所有亂七八糟的東西，現在不要放棄，不要讓我沉沒。不會復發，我需要你相信。喔！我的天，我真的是個沒用的人，我無法接受有些人可能稱之為「現實」的消息，我拒絕接受，我無法接受壞消息。我承認我痛恨壞消息，我討厭失望，我很脆弱，就是這樣。我知道如果我打開門一切就都完了，這是我的生存方式。或許我的內心有自殺傾向，但不反抗一下，我可不會投降，知道嗎？

我會把壞事情轉變成好事情，我一向如此，幾乎到了強迫症的地步。說到底可能還是我的個性有問題：無法面對絕對的痛苦無情的存在狀態。我知道我有癌症，很糟糕的癌症，擴散到淋巴結的癌症，第三期，幾乎是三B了，或許是第四期，好啦，可能是第四期。這一切我都知道，我甚至知道他媽的存活機率。

但是現在癌症消失了，你了解嗎？消失了，一定消失了，因為我就是這樣的人，我是那種打不倒的人，我是那種你鞭打我可是無法毀滅我的人，我是會想辦法解決問題的人。我們都盡力生存，嘲諷、樂觀，這兩條路都需要努力。

你必須站穩，不要輕易相信。你必須拿出嘲諷的能力，挖苦譏笑或懷疑任何有信心的人。並非我看不見世界，我不是在否認，不，我真的看得到，然後我很努力的讓它變成別的東西。

後來，西恩醫師很和善的給我一些塑膠玩意兒，各種大小都有。他沒有說這些是人造陰莖，他只說這些會有用。我很高興他認為我會再度有性生活，我聽到自己問他，只是出於好奇，那些紫外線輻射線放射線會對陰道造成什麼樣的副作用？他很自然的說：「嗯，是有一些不好的副作用，陰道會縮小，可能無法再性交，膀胱受損，嚴重腹瀉。」

我手中握著人工陰莖，考慮了優點和缺點。再也不能有插入的性交，一〇%的復發機率……膀胱受損，嚴重腹瀉……用放射線照射這玩意兒吧！

為辛蒂放屁

吐司和璐繞著我的病床走，好像他們小聲的在病房裡來回移動可以刺激我的腸子。手術結束了，袋子移除了，現在一切要看我的腸子了，我是否可以控制和指揮我的腸子，我的腸子或我們的腸子。我住在放屁病房，或稱為結腸手術後恢復病房、沒有袋子的病房。我們在那裡，一群人等著放屁排便，我在走廊遇見他們，體重過重的中年男性經理人身後跟著疲憊的妻子；體型豐滿、化了妝的金髮女人，走過留下一陣香水味，身後跟著瘦瘦的年輕男人。有一群人走來走去，他們說走來走去會幫助放屁，會讓你想排便。我看到有些人還躺在病床上，也看到有些人離開回家了，這些人顯然已經排便過了，可以回到現實世界。

無法排便或放屁是很恐怖的感覺，糞便幽閉恐懼症——所有的東西都卡在體內出不來，最後你會爆炸。我真的很害怕：害怕手術失敗，害怕無法再度正常運作，害怕自己會再度需要袋子。

我可以看得出來璐和吐司也很害怕，他們一直留意我的屁，每天早上他們帶著期望而來，而我會搖頭。沒有放屁，一點風聲都沒有，拖太久了。

然後他們派了辛蒂來，一個專門讓人放屁的人，從一間病房到另一間病房。她個子高大、強壯、很有決心，她第一次來的時候跟我說：「在我耳中，屁聲是音樂，我歡迎人家放屁，這是我在這裡的原因。不要覺得尷尬不好意思，把妳的屁給我。」

我試著想像他們在非洲或巴黎說這樣的話。這好美國風喔！把疲憊、窮困的人們給我，把屁給我。辛蒂知道各種姿勢、位置和方法，要壓哪裡、拉哪裡。我臣服於她的大手，她把我舉起、翻轉，我可以感覺出她很有才華，但是我新建的改道結腸和淺短直腸完全不理會她。放屁經理辛蒂每天下午三點到達，我試著想像她的人生——把屁引導出來，找到完美的位置或者完美的時刻，直腸放鬆了，重新建構的身體放出氣體。

我真的認為是因為我想討好辛蒂，才有了第一次的小小屁。那是她第四次來看我，我可以看得出來她很挫折，她認真看待她的工作，辛蒂是志工，我知道她的催屁工作沒有薪資，因此更想討好她。如果世上有任何人讓我願意繼續相信人類，那絕不是偉大的發明家、有見識的詩人、腦部外科醫生或甘地，而是像辛蒂這樣的人，安靜、隱形，往往低薪或無薪，他們每天早上起床餵飽了家人，照顧老年的父母，經過白雪覆蓋的鄉間小路或充滿空氣污染的公路到醫院、養老院、精神病院或孤兒院去。他們經常不受重視，他們照顧窮困的人和有特權的人，生病的人和失能的人。在比佛利山寂寞的豪華別墅到急診病房之間，從乳房攝影診所到輸液套房之間，他們編織了一張無形的照護網。

辛蒂溫柔的翻轉我的身體，我想到所有像她一樣的人，他們讓我相信愛，像是幫助我度過童年的保姆，以及我第一次到布卡武潘吉醫院的時候認識的艾絲特，我不知道她的正式頭銜是什麼，但她是所有傷患的媽媽。醫院隨時有兩百名婦女等待手術或正在術後復原，這些女人都被強暴或受傷，艾絲特知道每個人的名字，她們的孩子的名字，知道她們發燒的原因，也知道每個女人的故事的所有細節。她用她們的故事編了歌，每天，她和倖存者跳舞，和她們玩遊戲，她將自己的心靈力量傳染給破碎的女人，讓她們日益強壯。我想到了派特，她在卡崔娜颶風之後重建教堂，供餐給無家可歸的人。我也想到戴安與蕾基娜和梅約診所的護士們。

我躺在那裡，辛蒂正一身大汗，溫柔的壓著我的小腹。如果世界運作的方式正確，那應該是像辛蒂這種無薪無名的人受到尊崇，薪水最高，坐在大桌子前面，我們看到並尊重的會是這些隱形的人們。我張開眼看到辛蒂的臉，我知道她在這裡真的只是想讓我復原，沒有其他原因或計畫。她非常專注，非常和氣，我感動得不知如何是好，這一分心，不知打哪裡來的一聲「噗」，我放屁了。

並非不祥預感

我離開梅約診所的那個早晨根本還沒有排過便，屁也像是假的，令人無法信任。我餓壞了，沒有人告訴我有沒有任何飲食限制，吐司、璐和我對於離開放屁病房，在陽光下坐在餐廳室外感到異常興奮。我們全都叫了特餐，特餐就是特別有吸引力，特餐是蛋和鬆餅。感覺完全正常，非常有美國中西部味道，我全吃完了而且吃得很快。我們的想法是讓我待在旅館裡幾天，直到我排便，然後就飛回紐約。

吃完特餐，我離開吐司和璐自己爬到床上，突然覺得有點反胃。我一醒來就趴在地上對著垃圾桶嘔吐。我的袋子拿掉了，結腸造口翻進去了，結腸復原了，英俊醫生用我的結腸幫我做的直腸也到位了，但是無論應該發生什麼，都沒有發生。護士一直跟我保證，說身體需要時間重新學習，但是我的身體劇烈的退化，太多干涉了，太多重新安排、移除、翻轉、鑽洞和重建。

鬆餅彷彿占據了我，像是淋滿楓糖漿的動物屍體。我想念我的袋子，我需要我的結腸造口，我的身體似乎不記得如何自己排便，我全身是毒即將爆炸。我一直吐，一直吐，無法停止，好像不只是鬆餅想要從我身體裡出來，他們試了各種抗嘔吐劑都無法讓我不反胃不想吐。血與膽汁的暴力之海流過我的血管和細胞，持續了三天，我的身體因為嘔吐而酸痛。他們給我屈大麻酚，一種化學性大麻，用於止吐。我覺得身體刺痛，非常沮喪，我吐的時候會有幻覺，覺得吐出了金魚、銅板和粉筆。嘔吐沒有停止，我吐出不存在的東西、吐出腸胃內膜、吐出內臟和心臟、吐出眼角膜和可怕的想法。我一直吐，醫生來了，彼此耳語；護士來了，站在床邊，有時扶著我，有時清理穢物。吐司和璐擁抱我，陪我踱步或搖晃我，我簡直要一直吐到死了。我的身體在排斥自己，有些什麼想要跑出來。

過去七個月的整個旅程帶領我到了這裡，帶我到達了一個感覺，一個記憶，一個影像，彷彿經由我身體的旅程，經由挖掉器官和癌症，經由感染而掉的體重，經由殺死細胞，現在經由鎮日嘔吐，體內的灌木叢被清除了，再也沒有什麼可以遮住或隱藏恐怖真相。我在零點，回到了我不想再活在世上的時候，回到了見證了什麼以至於讓我心靈破碎的時候。

安奇麗在布卡武的檢查室告訴我她的故事時，突然情緒激動到在地上爬行，躺在地上推開想像中的士兵，閉著嘴，轉動她的頭尖叫，彷彿再度看到好友懷孕的肚子被士兵一刀劃開，半成形的胎兒掉了出來。胎兒還沒準備好面對光線、空氣、細菌或穿著制服邊喧嚷邊著強暴女人的士兵，臍帶還掛著，還和母親連結著，血流了滿地，剛果的土地被染紅了。胎兒的臍帶被切斷，士兵把胎兒當做球丟到空中，胎兒太小還不會表達痛苦，無法哭泣或尖叫。這些女人的寶寶就在眼前被抓走或謀殺或勒死或丟進叢林。然後士兵把胎兒丟進煮滾的鍋裡，其中一個士兵拿著刀去戳正在煮的屍體，從鍋裡舉起來塞到女人們的嘴邊，燒灼她們的唇。吃掉寶寶，否則受死，吃掉寶寶，否則打爛妳的頭。安奇麗在地上打滾，被回憶吞噬，她嘔吐、窒息、四處爬行，死命的試圖擦掉嘴上恐怖的味道。

就是在此處，我離開了這個世界。在叢林裡，房間的地板上，和這個尖叫哭求四處爬行的女人。在這裡，我決定出場、離開，不再逗留。在這個無眠的懸空地帶，我告訴我的身體，是赴死的時候了。這並非不祥的預言，我想事實上這是某種渴望，一個我做出的決定。當幾世紀以來的壓迫和不公不義變成這個精神上的集體麻痺和憤怒，我如何還能夠活著？如果還沒誕生的胎兒和我對人性的信念都消失了，我要如何活下來？現在，我在旅館房間裡一直吐一直吐，我明白了，死亡始終是我唯一的慰藉。我默默的、小心翼翼的不斷向它貼近。

我很小的時候就決定創造幻想世界，但是當安奇麗在地上爬的那一天，我的意志力和想像力都垮了。如果人類做得出這種事情，如果超級大國可以送軍隊進來卡位，偷竊剛果的礦產，如果國際組織可以長達十三年都視而不見，八百萬人死亡，成千上萬的女人被強暴虐待，寶寶被丟進鍋裡煮，那麼，我們所有人，每一個人都是共犯，我們都道德破產，沒有希望了。我落入這個深淵，這個世界的瘻管。

癌症主要來自遺傳，我們的藍圖一開始就設計了自我毀滅的機制——生理上和心理上。我們每天過日子，有意無意的在執行自我毀滅的程式。想一想，我們在接近水源的地殼斷層上建築核電廠；我們毒化餵養我們的地球以及我們呼吸的空氣；我們抽菸吸毒；我們虐待我們老年時會照顧我們的孩子；強暴能用身體孕育未來的女人；有時飲食過量，有時又為了某種身材忍飢挨餓，在愛滋病的時代卻不用保險套。我們都有自殺傾向，隨時朝向自我毀滅邁進。現在他們在我的鼻子裡放了一根管子，進入喉嚨，進入腸胃，好像我吃了毒藥。

這時，黛比醫師走進來了。我坐起身，用力抓住她的手臂，好像我忽然從夢中驚醒，經由插了管子的口鼻，我聽到自己尖叫：「我要活下去，黛比。我要活下去。我不要死掉。」

剛果失禁

移除袋子的復原手術過了三週，我回到剛果。基本上我克制不住，我需要這些女人，我需要茉莉花、木槿、晚上嚎叫的狗、瘋狂的雨、像海洋般的湖，有時候會變成某種月光般的藍色。我需要南基伏的熱氣包圍著我，讓我安靜下來；我需要九重葛和大樹上豔橘色的花；我需要肥大的芒果和酪梨；我想被喧鬧的斑雀、蜂鳥和麻雀吵醒；我想聽見遠方的女人和男人打鼓、頌經，召喚眾人慶祝或哀悼。

我和我的醫師們一起回去：梅約診所的西恩醫師和黛比醫師。西恩醫師摘掉我的子宮，發現我的瘻管，現在他讓我驚訝又高興的主動要求來剛果幫潘吉醫院的女人動手術，黛比醫師則給予意見和支持。他們帶了上噸的醫療器具，他們是愛與治療大隊。我回來了，光著頭，掉了二十磅，女人們不知道該拿我如何是好，我的光頭忽然代表了瘋狂的特權，所有人的目光和關懷都落在我身上。我很不好意思自己花了那麼多錢（保險）、儀器、治療者、外科醫生、護士、藥物，才被救回一命。

這些女人一直在為我祈禱，當建築喜悅之城的女人們看到我的時候，她們在雨中和泥中跳起舞來。我和她們一起跳。喜悅之城尚未完工。

媽媽西累壞了，我們大部分時間都在生氣擔心，但也經常大笑。我們在號稱是馬路的路上開車，一面聽著里歐娜（Leona Lewis）的悲傷情歌，一面唱和。

某晚，大家都去睡了，西恩醫師和我聊著天，晚風讓我放鬆，給了我勇氣。這是救了我一命的人，也是有話直說，讓我嚇個半死的人。他解釋他無意冒犯，只是在做他的工作，把我有的選項告訴我。我看得出來我們都在我們的戰爭中受了傷：西恩醫師在對抗癌症的前線，我在對抗性暴力的前線。他保護自己的方法是隨時準備面對最糟糕的狀態，我保護自己的方法則是不給最糟糕的狀態任何存在空間。我問西恩醫師，如果他說服自己相信我會活下去的話，會怎麼樣呢？

他說：「我是醫師。我相信科學。」

我又逼他，他終於說：「伊芙，老實說我完全不知道我為什麼變得這麼悲觀。或許是我看過太多的癌症復發，我經歷太多失去了。」

他的哀傷影響了我，這麼多次，他覺得自己失敗了。他不想對他無法保證的結果做出承諾，他不想讓病患失望。

我說：「西恩醫師，雖然你無法保證，但是我寧可瘋狂的活在相信的邊緣，也不要躲起來期待我的末日。現在我需要你從醫師的懸崖跳下去，跟我一起相信。」

我忽然變成七歲的孩子，西恩醫師五歲，我們在我家後院我最喜愛的柳樹下。我告訴他，如果他閉上雙眼，用力的閉著，就會看到小仙女。他挫折的說：「我只看到點點。」

我說：「再用力一點，西恩醫師。如果你用力擠，就會看到了。」

滴漏

我去看望艾絲特，那位潘吉醫院所有傷患的媽媽。我們和幾百位女性倖存者一起做治療儀式，我們呼吸、尖叫、踢打、揮拳、釋放，然後瘋狂的鼓聲響起，我們跳舞。因為復原手術和化療，我還很虛弱，但是阻止不了我。我跳舞的時候無法控制我的糞便，但是我不在乎了，之前我和這些女人在一起，她們的糞便從瘻管滴漏出來，我只能想像那會是什麼感覺。現在我們是一體了，打鼓、踢腿、憤怒、滴漏的女人。

她會活下來

穆克維吉醫師和我經常到他最喜歡的地方去，到可以看到整個布卡武的山頂上，那裡有一條狹窄的小路像蛇一樣蜿蜒在綠野中，那裡空氣清新，土地肥沃。我們在潘吉醫院後面的森林裡散步，黃昏的餘暉透過翠綠的樹葉，落在松針鋪成的溫柔地毯上。我們在潘吉村落的河邊小路上，一散步就是好幾個小時，無論我們去哪裡，穆克維吉醫師都會停下來和人握手或提供療法，安慰病患。他是市長、牧師、醫師、治療者，他幾乎知道每個人的名字，記得每個人的病痛、故事、接受過的治療。穆克維吉醫師和我父親是完全相反的人，他很謙卑、安靜、細心、按部就班。他傾聽，他把故事都拿在他的手上，很大的手，有能力、溫柔、強壯。他見證過、體驗過的事情太大、太沉重了，那個重量有時就沉默的橫亙在我們中間。

今天我們開了四個小時的車去卡其巴（Kaziba）——他父親誕生的村子。我們開在蜿蜒的路上，經過許多塵土飛揚的小村落，穿過吃草的羊群，穿著彩色長裙的女人像螢火蟲般照亮了小路。偶爾，我注意到穆克維吉醫師在打量我，試著評估我是否康復了，看我是否可以活下來。我已經七個月沒看到他了，自從得到癌症診斷之後就沒再看到他。我失去了器官和我的母親，他上個月才失去了他的父親，我們到了他父親的小小後院，他的父親就埋在院子裡，墓碑還新。

剛果死了太多人了，我忽然注意到墳墓上覆蓋的新土，我很容易就可以在那坏黃土之下。我在想，我將來會葬在哪裡呢？我會不會下葬？我但願自己有個可以回去的村子。有時候我夢想著在巴黎的蒙帕納斯公墓有個墓穴，西蒙．波娃和沙特就埋在這裡，但是在穆克維吉醫師父親的後院裡，那個夢想顯得極為做作。如果照我的意思，他們也可以把我的遺體運到海上，輕輕的放入海浪裡，讓鯊魚、鯨魚和其他的魚把我吃掉，我不在乎被丟進水裡。

我又開始思考死亡，但是我發現這次不像以往那麼害怕，我已經如此貼近死亡過了，貼近的距離改變了我和死亡的關係，我對自己還活著的感恩之心讓我不再那麼害怕。我落入沉思，穆克維吉醫師安靜果決的說：「我要跟妳說件事情。妳知道我父親是牧師，他知道很多事情。二〇〇〇年，他來家庭聚會的時候說：『上帝給了我訊息，十年後，我會在二〇一〇年十月七日離開人世。』接下來十年，每年的十月七日，我們都會舉辦家庭聚會慶祝他的過世之日，而他確實在十月七日過世。很奇怪，那剛好也是妳最後一次動手術的日子。我們的連結有許多奇怪的地方，當我聽說妳生病了，我變得很沮喪，我無法理解為什麼妳來幫助我們，上帝卻要把妳帶走。我的狀況很不好，我父親看得出來，我開始質疑我的信仰了。他來跟我說：『丹尼斯，聽我說，你的朋友伊芙生病了，她會經歷一段很艱苦的日子，但是她不會死。癌症會過去，她會好好的，你不需要擔心，上帝在保護她。』」

穆克維吉醫師說：「我不完全相信他，但是現在我看到妳了，我看到妳這麼強壯，我現在知道他說的是真的。」七個月來的頭一次，我的內在有些東西鬆了，我可以看得到未來了。我們經過綠油油的鄉村開車回布卡武，吉普車和我新生的信念帶著我們往前。

蘇說：「我想像妳在寫作，往窗外看去，外面正在下雪，很安靜——妳的心和創造力都很安全，受到保護，正在拓展。

我一直珍惜我們之間的連結，我可以感覺到妳的喜悅滿溢，成為妳努力的最大動力。癌症可以這樣轉化妳，很驚人，對不對？

很多人都有不屬於他們、投射到他們身上並且被他們內化的壞東西，也有可能因為他們的靈魂曾經受到創傷而加害別人。如果每個人都能把這些壞東西消除掉，那該有多好？如果每個人都能找到自我內在的良善，享受那股喜悅，那該有多好？或許我們就可以停止分裂，不至於產生各種惡性腫瘤了。」

喜悅

我的頭髮很短，我很瘦，穿著特製的、剛果人設計的短裙和幾何圖形的上衣，樣子很西式，不會讓我看起來像一心想當非洲人的白人那樣可悲，但又很有剛果的味道，足以表示尊重。這件上衣色彩豔麗，我試著不要只穿黑色。穆克維吉醫師、媽媽西和我站在門口招呼幾千位參加喜悅之城開幕的客人。整個剛果和世界各地、各國政府及聯合國官員都派代表出席，包括南基伏的首長、帶著妻子的大使們、有名的演員和捐款的人，還有我親愛的朋友派特、卡蘿、拉達、娜歐米、艾薇、凱薩琳和史蒂芬，以及勝利日的團隊和棒得驚人的董事們。寶拉在照相，吐司也在，附近社區來了幾千人：牧師、醫師、護士、社工、老師、母親和父親，還有嬰兒。我的兒子也飛來了，當他走進大門口時，我開始哭。

我站在門口，這是驅策著我度過手術、感染、化療和擔心絕望的力量。喜悅之城是一個地方，但也是一個概念。剛果的女人有了這個理想，用她們的慾望和渴求塑造出來。她們真的用自己的雙手建築了喜悅之城，這是治療的庇護所，這是革命的中心。在這裡，隨時有女人在學習英語、讀寫、自我防衛、電腦、農業技術、溝通和公民權益。早上會唱歌跳舞，用團體心理治療治療自己，一天結束後會互相按摩，一起烹飪。她們在這裡，一邊學著拿回主導權，一邊治療自己，六個月後，當她們離開喜悅之城時，她們將成為領袖，將自己學到的東西帶回她們的社區。她們將散播技術和所受的訓練，而剛果女性領袖的人際網路就這樣建立起來了，不斷擴展，各地都將有喜悅之城。

這裡將充滿喜悅——快樂、愉悅、樂趣、欣喜、狂喜、興奮、驚喜、歡天喜地，當你一走進大門就可以感受到。在綠色草地上，在女人的聲音裡，在自製的樹薯粉、地瓜、富富（fufu，非洲中西部的澱粉類主食）和豆子裡，在她們隨著不停的鼓聲，不斷優雅舞蹈的身體裡都看得到喜悅。喜悅將流過你的身體，你將感受到，然後忽然明白你從來沒有真正感覺過喜悅，因為全然的喜悅需要全然的放下。它從感恩而生，在憤世嫉俗或不信任之中它無法存在。你將接觸到這種喜悅，你將忽然明白這就是你一生都在尋找的東西，但是你害怕，不敢承認你從未擁有過，因為你是如此渴望這樣的喜悅。

我站在喜悅之城的大門口，我仍然瘦弱，我的身體還不完全屬於我，還在與癌症對話的最後階段。我不確定當這一切終於結束時，我會是誰？我會住在哪裡？我的餘生要做什麼？但是我知道，我確定，我會擁有很多喜悅。

母親

我從來沒去看過剛果的大猩猩，當戰爭還在進行的時候，我一直覺得當個觀光客令我不舒服，我一直說，當女人都自由安全以後我就會去看。喜悅之城開幕的第二天，我忽然覺得時間對了，我要帶我兒子一起去，他會喜歡大猩猩。我們和媽媽西的丈夫卡羅斯及兒子大衛一起開車去國家公園，他們叫我們穿長靴和襪子，紅螞蟻才不會攻擊我們的腳踝；他們說被紅螞蟻叮咬非常的痛；他們說我們會進入叢林，一直走，直到我們找到大猩猩；他們說可能馬上看到，也可能要好幾小時才看到。我不確定我比較怕什麼——紅螞蟻、蛇、蜘蛛，還是在叢林中迷路被游擊隊抓去強暴。我不要我兒子害怕，所以我把我的恐懼轉化成熱情，我一直跳舞，越過大石頭、藤蔓和樹根，一直舞過了叢林，一部分是為了躲避爬蟲和吸血蟲。我們有兩位剛果嚮導拿著大砍刀，一路砍著藤蔓和樹，弄出一條可以走的路來。他們一直砍溼的葉子，砍呀砍呀，我們愈來愈深入叢林，真正的叢林。這就是大地，生猛、沒有污染、沒有被馴服的大地。這就是母親，沒有化妝、節食和修飾。潮溼土壤的氣息、樹的綠色氧氣、結實的土地。我可以看得出來我那個住在布蘭特伍德

（Brentwood，位於美國加州）的兒子正在試圖控制他的恐懼，他一直說笑話，愈來愈好笑，也愈來愈不像話。

這簡直是童話故事，小時候母親被邪惡殺手謀害的英俊王子，被瘋狂的繼母帶進叢林，尋找可以讓他們自由的秘密。他們愈來愈深入茂密的叢林，心裡有一部分想回頭，但是又有某種力量驅使他們繼續深入。過了一會兒，他們不再說話，叢林裡的雜音——工作過度的啄木鳥、蛙鳴、不停歇的蟬鳴縈繞在他們身邊。過了差不多一個小時吧，嚮導忽然停下來，英俊的王子和瘋狂的繼母互相依偎。嚮導示意他們安靜，他們慢慢爬上山丘，用手輕輕撥開樹枝，不再使用大刀，所有人都躡手躡腳的走，走到一片草地，嚮導露出驕傲的微笑，做手勢要英俊王子和瘋狂繼母再走近一點。在叢林中間，一個尋常的日子裡，快樂無比的大猩猩一家人：很老很老正在睡覺的祖父，一面打鼾一面撓癢；青少年像是馬戲團的空中飛人，在樹梢的藤蔓間盪來盪去；母親盤著腿坐在地上，懷裡抱著新生兒，做出了最簡單也最動人的姿勢——當她看到侵入者接近時，她只是很鎮定、沒有思考也沒有猶豫的就用雙臂擁住寶寶。王子和繼母看得目瞪口呆，他們兩個一輩子都在追尋這個簡單的動作——

母親的手臂，不用思考，絕對保護著自己脆弱的寶寶。英俊王子和瘋狂繼母，兩個孤兒牽著手，牽得有點太緊了。

第二風

「要像自己已經死了那樣的活著。」

——禪宗格言

我在精華路上。剛下過雨。

我已經十八個月沒有癌細胞了。

我知道布卡武精華路上的危機就是世界的危機，政府外銷糧食，當地人卻時常挨餓。當地人每天只賺一兩塊錢（如果運氣好的話），西方國家和世界侵占他們充裕的石油、黃金、銅、鈳鉭鐵或錫。女人背著太重的貨物，裝在麻袋、桶子或籃子裡。女人經常有生命危險，或被強暴的風險。

每次我在這旅行，我都強迫自己看著精華路，注意細節，記下改變和暴行、侮辱和痛苦。我不讓自己轉過頭去不看，相信我，我真的想要轉頭不看。精華路上很熱，很擠，要在這裡生存簡直不可能。大部分的人曾經逃離暴力，幾乎每個人都離鄉背井，多數人都受過創傷、流離失所、成為孤兒、忍受飢餓。精華路在我心裡燃燒，我必須承認，有些時候，當我想到為什麼有精華路以及世界上許多類似的路存在，我心裡就有非常暴力的想法。我想到巧取豪奪的貪婪，想擁有更多更多的飢渴，少數人擁有一切，絕大多數的人什麼都沒有。在我的憤怒中，我想像著推翻企業、摧毀工業、制裁強暴者、腐敗的領袖和傲慢不在乎的有錢人。有些時候我覺得再也沒有別的辦法了，沒有任何既得利益者會肯主動放棄自己的財產和夢想。我試著跟自己解釋為什麼我一輩子努力終止暴力，卻有如此暴力的革命幻想，我找到的唯一答案也在精華路上——喜悅之城。每次我到這裡，我就再一次的被提醒，我們可以建構新的方向、新的世界，讓新的典範誕生。

我不知道如何結束剛果戰爭，我不知道政府和企業的分界在哪裡，我無法讓你清楚看到挖掘鈳鉭鐵礦來做你手上的手機，和珍在她的村落被強暴之間的關係。我不知道如何改變聯合國安全理事會或國務卿、歐洲、英國、加拿大議會、國會、唐寧街（Downing Street，英國首相官邸）或白宮，這些地方我都曾經慷慨激昂的造訪過，每一次離開時都覺得失望困惑。我不知道如何逮捕戰犯或企業剝削者，但我知道的是，只要我一走進喜悅之城，我就覺得一切都有可能。這裡很綠，很乾淨，這是出淤泥而不染的蓮花，這是新開始、建構新世界的象徵。

喜悅之城的十條規則中有三條是：一、說出真相；二、停止等待救援；三、把你最想要的東西送給別人。

在喜悅之城，我知道怎麼做事：如何擁抱塔璐西亞、珍和普路丹絲，如何提醒她們不要避開目光，因為她們身上帶著的羞恥不是屬於她們的。我知道如何傾聽，如何一直問問題。

我知道如何哭泣，我知道如果我愛剛果的女人，只要我不把我的心關上，愛會開闢道路，計畫會出現，我會找到經費和我需要的一切。因為愛就是會讓這些事情發生。

得到癌症是我最接近死亡的時刻，在那樣的時刻裡，我吊掛在懸崖邊上，被迫放開一切不必要的事物，放掉過去，只留下最重要的。在那裡，我找到了我的第二風，當我們覺得自己真的撐不下去，再也走不動，再也無法呼吸時，第二風會出現，讓我們繼續向前走。

因為喜悅之城在山谷裡，空氣總是很清新，有時黃昏了，女人們的歌聲逐漸消失，那個時候會吹起一陣甜美乾淨的風。我相信風，風散播花粉，移動萬物，風讓我們涼快，風可以發電，可以撒種，可以變成暴風雨、龍捲風或颱風，可以讓樹葉沙沙作響。風將揚起，也將帶著我們飛翔。

擁有第二風、第二個生命代表什麼呢？它代表失火的時候就喊：「失火了！」——它代表我身體中央那條地震般的傷痕，在那裡我觸碰到了黑暗，進入黑暗，品嘗死亡。它也代表著我第一次接受掃描，醫師說我的肝裡面可能有癌細胞的時刻。我在燃燒，因為第二風也是火焰，將我們的恐懼燒灼殆盡。我們不可能害怕任何事情，沒有任何事情能讓我們害怕了。沒有人會來，只有我們自己。

第二風不是擁有、獲得、購買，第二風是付出一切，付出你甚至你以為你沒有的，付出你得到的雙倍。即將到來的不是我們已知的任何事物，你的死亡，我的死亡都是必要的，不重要且無法避免。不要害怕，不，死亡不是我們的終點，冷漠才是終點，失去連結才是終點，還伴隨著損失、冰山融化、無止盡的饑荒、集體強暴與令人作嘔的富有。

那些了解自己並不獨自存在，而是河流中的一員的人總會促成改變。如果你想克服自己的疾病，就幫助其他病患；如果你想忘記自己的飢餓，就餵飽你的朋友。

你害怕細菌，囤積藥草，但是那些藥草無法拯救你，你的豪宅或村莊無法拯救你，唯一的救贖就是善意，唯一的方法就是關懷別人。

第二風會從地上來，從土地生出來，它會像沙塵暴似的竄起，它會從某個角落、人們群居之處、貧民窟和世界大部分人居住的、我們不知道的地方突然出現。因為街道是活的，頂著九十公斤貨物的女人是活的，她們跳著舞。

女孩會帶來第二風，女孩，第二風在她們體內，她們就是第二風。風會吹走一切，能夠捨棄一切的人就可以活下來，能夠身無長物，沒有衣服，沒有銀行存款，沒有未來，甚至沒有家；能夠放棄所有，還找得到人生意義；能夠明白唯一的方向就是改變，唯一的港口就是我們要去的地方。

第二風會吹走你以為你最需要或最想要的一切，你失去了什麼、如何失去，將決定你是否能夠存活下來。

我失去了我的器官，有時也失去了我的心智。我知道現在是在賽跑，是我們和那些盡情掠奪大地、掠奪資源者之間的賽跑。我瞧不起慈善團體，他們給少數人一點好處，讓其他人無法出聲。我們現在若不盡全力反擊，將來就完全無力反擊。誰會退出，不再競爭，不再助長惡性循環？誰會加入住在森林、貧民窟、吵鬧擁擠的城市裡的女人，和她們一起背上背著痛苦的重擔，胸前抱著飢餓的嬰兒？沒人把她們當一回事，但是她們的力量和辛勞支持了世界。誰會和她們站在一起，相信她們始終知道該走什麼方向？世界在我的血管中燃燒，就像幾個月前化療藥物在我的血管中燃燒。我邀請你，不要再等待，開始採取行動，停止討好，開始反抗。我邀請你開始質疑你所相信的。

第二風超越了數據，超越了痛苦；第二風出現在抵抗毒液的女人與男人的血液和細胞裡，他們戰勝了癌症，走出了惡夢。第二風在你體內升起，在你的嘴裡，在你扭腰擺臀的姿態裡。

現在，發揮你的洞察力，喚醒你的直覺。風不會轉向，它將吹拂一切，不要害怕，不再有輸贏，我們已經輸了，即使是所謂的贏家也這麼覺得，這就是為什麼他們無法停止自我毀滅。離開輸贏的巨輪吧！當然可能有危險，但願我可以讓一切容易一些，但願我可以告訴你沒什麼好損失，失去一切，這才是起點。你們每一個人都會知道自己需要朝哪個方向、要帶著誰與你一同前進。當你到達，你會認出你的夥伴，圍一個圓圈，傾聽內在聲音，當他們對你說：「這是唯一的方法，有些人會獲利，我們需要石油，我們需要鑽油、反應爐、瀝青、天然氣、鈳鉭鐵、煤炭。」待在你的圓圈裡，在圓圈中跳舞，在圓圈中唱歌，在圓圈中互相挽著手。走出你的舒適圈，我們必須願意走這一趟，我們必須離開王國，放棄寶藏。

我們是第二風的人民，我們曾經被傷害、被貶低、被輕視，但我們知道自己是誰。讓我們發揮力量，讓我們將痛苦化為力量，創傷化為火焰，自我厭惡化為行動，自我耽溺化為服務、火焰、風。

風，像風一般透明、充滿可能、無情、危險，推動一切，不留任何痕跡，就能成為一分子。雖然不知從何而來，但是風無法遏止的不斷升起、升起、升起。

感謝辭

感謝夏洛特・希迪（Charlotte Sheedy），你在我的拳擊場角落和我的心裡幾乎四十年了，謝謝你傾聽我並很早就相信我會成功。

感謝法蘭西絲・科帝（Frances Coady），像外科醫師那樣仔細、投入、有技巧的編輯這本書，也給了我勇氣。

感謝莎拉・波希特（Sara Bershtel）以及大都會出版社（Metropolitan Books）的每個人，謝謝各位全心全意的相信這本書會成功。

感謝來探望我的親友，你們的愛讓我復原：派特・米歇爾（Pat Mitchell）、卡蘿・布萊克（Carole Black）、詹姆斯・萊辛（James Lescene）、寶拉・艾倫（Paula Allen）、金姆・羅珊（Kim Rosen）、奧利維・米伏（Olivier Mevel）、黛安娜・德維克（Diana de Vegh）、馬克・馬托賽克（Mark Matousek）、凱瑟琳・恩斯勒（Katherine Ensler）、艾迪莎・庫魯帕立沙（Adisa Krupalija）、大衛・立佛（David Rivel）、漢娜・恩斯勒立佛（Hannah Ensler-Rivel）、珍芳達（Jane Fonda）、丹尼斯・穆克維吉（Denis Mukwege）、克里斯汀・舒勒・迪斯克萊佛（Christine Shuler Descryver）、蘿拉・佛蘭德斯（Laura Flanders）、伊利莎白・史翠普（Elizabeth

Streb）、娜歐米・克林（Naomi Klein）、艾薇・路易斯（Avi Lewis）、史蒂芬・路易斯（Steven Lewis）、艾美・古德曼（Amy Goodman）、拉達・波里克（Rada Boric）、妮可麗塔・比利（Nicoletta Billi）、瑪麗・希瑟・里諾德（Marie Cecile Renauld）、瑪麗・艾絲特里德・派瑞蒙尼（Marie Astrid Perimony）、艾莉西亞・派瑞蒙尼（Alexia Perimomy）、唐娜・凱倫（Donna Karan）、凱利・羅斯（Cari Loss）、艾蜜莉・史考特・波崔克（Emily Scott Pottruck）、珍妮佛・波菲特（Jennifer Buffet）、貝絲・多若里斯（Beth Dozoretz）、梅樂蒂・霍布森（Mellody Hobson）、凱瑟琳・馬菲特（Ketherine MaFate）、琳達・波普（Linda Pope）、艾美・羅（Amy Rao）、雪若・山德伯格（Sheryl Sandberg）、莉莎・雪荷拉（Lisa Schejola）、阿金（Akin）、喬帝・艾文斯（Jodie Evans）、伊利莎白・雷斯爾（Elizabeth Lesser）、安德魯・哈維（Andrew Harvey）、寇帝斯・恩斯勒（Curtis Ensler）、南西・羅斯（Nancy Rose）、喬治・連（George Lane）、大衛・史東（David Stone）、法蘭克・沙爾瓦吉（Frank Selvaggi）、凱利・華盛頓（Kerry Washington）、羅莎里歐・道森（Rosario Dawson）、葛倫・克蘿絲

（Glenn Close）、波娃．潘黛．克爾曼（Purva Panday Cullman）、蘇珊．希利亞．史旺（Susan Celia Swan）、希瑟．利普沃斯（Cecile Lipworth）、哈莉特．克拉克（Harriet Clark）、莫尼克．威爾遜（Monique Wilson）、爾娃西．維德（Urvashi Vaid）、西娃．羅斯（Shiva Rose）、布蘭達．可林（Brenda Currin）、瑪麗．荷伊（Marie Howe）。

感謝救我一命，將我重新整合起來的所有醫師和治療者：路易斯．凱茲醫師（Dr. Louis Katz）、黛比．羅德斯醫師（Dr. Deb Rhodes）、西恩．道狄醫師（Dr. Sean Dowdy）、艾瑞克．多柔伊斯醫師（Dr. Eric Dozois）、依蘭．薩皮羅醫師（Dr. Ilan Shapira）、約翰．卡羅斯醫師（Dr. John Koulos）、喬瑟夫．馬茲醫師（Dr. Joseph Martz）。

感謝梅約診所的護士，尤其是莎拉、朗達和莫妮卡，以及貝絲以色列的護士，尤其是伊利莎白，蕾基娜和戴安。

感謝在我最脆弱的時候，保護並治療我身體的女人們：瑪麗安．查娃立哥尼（Maryanne Travaligone）、蘿絲．龐特維亞尼（Ruth Pontvianne）、迪爾卓爾．海德（Deirdre Hade）、瑪麗安・沙瓦里斯（Maryann Savarice）。

感謝巴西雅，她的可口料理讓我一直有胃口。

感謝我的偉大的勝利日團隊，帶著大家往前：卡爾・程（Carl Cheng）、凱特・費雪（Kate Fisher）、蕭・諾里斯（Shael Norris）、妮基・諾多（Nikki Noto）、艾美・思奎爾斯（Amy Squires）、蘿拉・瓦勒里查克（Laura Waleryszak）。

感謝所有為我祈禱、寄禮物、寫信、送花和卡片給我的朋友、社會運動者和家庭。

感謝我的兒子，迪倫・麥克德蒙特（Dylan McDermott）和我的兩個孫女，可可和夏洛特・麥克德蒙特（Coco and Charlotte McDermott）——我的家人、我的心之所在。

感謝湯尼・蒙天尼爾里（Tony Montenieri）和蘿拉・恩斯勒（Laura Ensler），每天都在我身邊，提供擦臉毛巾、笑話、藥物和勇氣。

感謝剛果的女人——妳們是我的力量和我撐下去的理由。

作者介紹

伊芙・恩斯勒（Eve Ensler），國際暢銷作家、得獎劇作家。戲劇創作包括《陰道獨白》（*The Vagina Monologues*）、《必要目標》（*Necessary Targets*）和《好身體》（*The Good Body*）。寫過政治回憶錄《終於不安全》（*Insecure At Last*）以及《紐約時報》（*New York Times*）暢銷書《我是情緒性的生物》（*I Am an Emotional Creature*），此書後來改編為舞台劇《情緒性生物》（*Emotional Creature*）。

恩斯勒是勝利日（V-Day）的創始人，這是致力於終止對女人和女孩施行暴力的全球性運動。勝利日已經在世界各地為婦女組織和社會運動者募集超過九千萬美元，並促成了另一個全球性的運動「十億人站出來」（One Billion Rising）。伊芙・恩斯勒目前住在世界之中。

Caring 077

我，在世界的身體之中

In the Body of the World: A Memoir

作者—伊芙・恩斯勒（Eve Ensler）

出版者—心靈工坊文化事業股份有限公司
發行人—王浩威　總編輯—王桂花　執行編輯—陳乃賢
特約編輯—周雪伶　內頁排版—李宜芝　封面設計—林佳瑩（piecefive）
通訊地址—10684台北市大安區信義路四段53巷8號2樓
郵政劃撥—19546215　戶名—心靈工坊文化事業股份有限公司
電話—02）2702-9186　傳真—02）2702-9286
Email—service@psygarden.com.tw　網址—www.psygarden.com.tw

製版・印刷—彩峰造藝印像股份有限公司
總經銷—大和書報圖書股份有限公司
電話—02）8990-2588　傳真—02）2290-1658
通訊地址—248新北市五股工業區五工五路二號
初版一刷—2013年12月　ISBN—978-986-6112-91-1　定價—320元

國家圖書館出版品預行編目資料

我,在世界的身體之中 / 伊芙.恩斯勒 (Eve Enster) 著. -- 初版. --
臺北市：心靈工坊文化, 2013.12　面；　公分
譯自：In the body of the world

ISBN 978-986-6112-91-1(平裝)

1.伊芙(Ensler, Eve, 1953-)　2.女作家　3.傳記

785.28　102025078

心靈工坊 PsyGarden 書香家族 讀友卡

感謝您購買心靈工坊的叢書，爲了加強對您的服務，請您詳填本卡，
直接投入郵筒（免貼郵票）或傳眞，我們會珍視您的意見，
並提供您最新的活動訊息，共同以書會友，追求身心靈的創意與成長。

書系編號－CA077　　書名－我，在世界的身體之中

姓名　　是否已加入書香家族？ □是 □現在加入

電話（公司）　　（住家）　　手機

E-mail　　生日　　年　　月　　日

地址 □□□

服務機構／就讀學校　　職稱

您的性別—□1.女 □2.男 □3.其他

婚姻狀況—□1.未婚 □2.已婚 □3.離婚 □4.不婚 □5.同志 □6.喪偶 □7.分居

請問您如何得知這本書？

□1.書店 □2.報章雜誌 □3.廣播電視 □4.親友推介 □5.心靈工坊書訊
□6.廣告DM □7.心靈工坊網站 □8.其他網路媒體 □9.其他

您購買本書的方式？

□1.書店 □2.劃撥郵購 □3.團體訂購 □4.網路訂購 □5.其他

您對本書的意見？

封面設計	□ 1.須再改進	□ 2.尚可	□ 3.滿意	□ 4.非常滿意
版面編排	□ 1.須再改進	□ 2.尚可	□ 3.滿意	□ 4.非常滿意
內容	□ 1.須再改進	□ 2.尚可	□ 3.滿意	□ 4.非常滿意
文筆／翻譯	□ 1.須再改進	□ 2.尚可	□ 3.滿意	□ 4.非常滿意
價格	□ 1.須再改進	□ 2.尚可	□ 3.滿意	□ 4.非常滿意

您對我們有何建議？

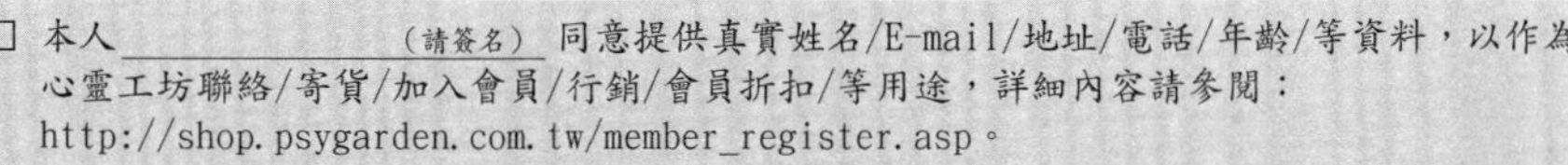
□ 本人＿＿＿＿＿＿＿＿＿（請簽名）同意提供真實姓名/E-mail/地址/電話/年齡/等資料，以作為心靈工坊聯絡/寄貨/加入會員/行銷/會員折扣/等用途，詳細內容請參閱：http://shop.psygarden.com.tw/member_register.asp。

廣　告　回　信
台北郵局登記證
台北廣字第1143號
免　貼　郵　票

台北市106 信義路四段53巷8號2樓

讀者服務組　收

（對折線）

加入心靈工坊書香家族會員
共享知識的盛宴，成長的喜悅

請寄回這張回函卡（免貼郵票），
您就成爲心靈工坊的書香家族會員，您將可以——

⊙隨時收到新書出版和活動訊息

⊙獲得各項回饋和優惠方案